Leipziger Messe
Taucha
Zoo Leipzig
Südfriedhof
Wildpark Leipzig
Cospudener See

Ingrid Annel

Das Leipziger Märchenbuch

Sagen, Legenden und Märchen aus Leipzig neu erzählt

mit Illustrationen
von Gisela Specht

marzellen verlag

Bibliografische Information der Deutschen Nationalbibliothek
Die Deutsche Nationalbibliothek verzeichnet diese Publikation in der Deutschen Nationalbibliografie;
detaillierte bibliografische Daten sind im Internet über http://dnb.de abrufbar.

Umschlag und alle Illustrationen: Gisela Specht
Satz/Layout: Redaktionsbüro Tewes, Köln
Lektorat: Ruth und Detlef Reich, Köln
Druck: Druckerei Florjancic, Maribor, EU

Printed in EU.
ISBN 978-3-937795-90-4

www.marzellen-verlag.de

Inhalt

Es war einmal ...

Die Sagen, Legenden und Geschichten aus Leipzig sind jahrhundertealt und doch zum Greifen nah. Immer wieder wurden sie im Volksmund weitererzählt und irgendwann aufgeschrieben. So zeigen sie eine wunderbare Sagen- und Erzählungswelt über die Jahrhunderte auf.

Einige Schauplätze des „Leipziger Märchenbuches" könnt ihr auch heute noch besichtigen und dort viel über die Vergangenheit des jeweiligen Ortes erfahren. Am Ende jedes Märchens wird auf einem solchen Pergament erklärt, welche Orte aus den Geschichten ihr euch heute noch anschauen könnt. Jedes Märchen hat sein eigenes Symbol, das ihr auf dem Lageplan im Einband des Buches wiederfindet. So könnt ihr euch selbst auf Zeitreise begeben und den Spuren der Leipziger Geschichten folgen.

Ein Buch aus Lindenblättern

Es war einmal ein Lindenbäumchen, das reckte und streckte sich dem Sonnenlicht entgegen und wuchs allmählich zu einem stattlichen Baum heran. Je größer der Baum wurde, desto besser konnte er sich in der Gegend umschauen. Und er sah, dass er es gut getroffen hatte.

Es gab genügend Wasser. Etliche Flüsse, Bäche und Rinnsale durchzogen die Landschaft. Ringsum wuchsen und wucherten Bäume, Sträucher, Gräser, Kräuter, Blumen. Der Lindenbaum befand sich in bester Gesellschaft. Er mochte vor allem den Frühling und den Sommer, wenn sich die Vögel in seinen Zweigen ihre Nester bauten und die Bienen um die Lindenblüten schwirrten. Das Summen der Bienen, der Gesang der Vögel, das Quaken und Fiepen, das Knurren und Grunzen, das Bellen, Röhren, Fauchen und Schnauben der Tiere, die hier ihr Revier oder ihren Unterschlupf gefunden hatten – all das verschmolz zu einem großartigen Konzert, an dem sich der Lindenbaum jahraus, jahrein erfreute.

Bis sich eines Tages andere Töne in dieses Konzert mischten: die Stimmen von Menschen. Sie hatten entdeckt, dass diese Gegend nicht nur für Lindenbäume geeignet war, sondern auch als Wohnort taugte. Hier gab es genügend Platz, Wasser und Nahrung. Und so siedelten sich vor Tausenden Jahren Angehörige eines germanischen Stammes im Schatten des Baumes an. Sie bauten sich einfache Hütten aus Holz und Lehm, beides fanden sie hier reichlich. Sie begannen, die fruchtbare Erde zu beackern. In den nahen Wäldern gingen sie auf Jagd, aber sie hielten auch Rinder, Schweine, Schafe und Hühner als Haustiere. Und in den Flüssen fingen sie Fische in großer Zahl.

Sehr viel später zogen sich die germanischen Stämme aus der Region zurück, vom Osten her wanderten Sorben in das Gebiet ein. Sie bauten ihre

Häuser rings um die Linde, und so wurde sie zum Mittelpunkt ihres Dorfes. Dankbar nahmen die Menschen an, was der Lindenbaum ihnen zu bieten hatte: Aus den Lindenblüten ließ sich ein Tee zubereiten, der gegen allerlei Krankheiten half. Die frischen Blätter ergaben einen köstlichen Salat. Auch die Samen der Linde, die kleinen Nüsschen, waren eine nahrhafte Speise.

Wie einst die Linde wuchs, so wuchs auch das Dorf. Die Linde stand noch immer, unter ihr wurde Gericht gehalten und wurden Urteile verkündet. Hier trafen sich die jungen Leute zum Tanz. Und wenn sich zwei verliebten, schenkten sie einander ein herzförmiges Lindenblatt.

Im 10. Jahrhundert wurde nahe bei der Linde eine mächtige Burg gebaut. Nun lebten hier nicht mehr nur Bauern, sondern auch zahlreiche Handwerker. Die kleine Siedlung, die einst Lipsk genannt wurde, wuchs allmählich zur Stadt Leipzig heran. Immer mehr Menschen wohnten hier, sie brauchten mehr und größere Häuser. Um die Bewohner und ihre Häuser zu schützen, wurde eine Stadtmauer errichtet, mit Toren in alle Himmelsrichtungen.

Durch diese Tore zogen Händler und Kaufleute aus nah und fern. Leipzig lag günstig, hier kreuzten sich zwei große Handelsstraßen: Die Königsstraße, Via Regia genannt, führte von Osteuropa nach Westeuropa. Und umgekehrt. Die Reichsstraße, Via Imperii genannt, führte vom Norden nach Süden. Und natürlich auch umgekehrt.

Weil diese beiden Wege hier aufeinandertrafen, wurde Leipzig ein gefragter Marktplatz für Waren aus aller Welt. Die Kaufleute reisten ja nicht nur auf schnellstem Weg durch die Stadt hindurch. Alles, was sie auf ihren Pferdefuhrwerken mit sich führten, boten sie auch in Leipzig feil. Besonders gern zu den Leipziger Messen, die noch mehr Kaufleute und Händler anlockten. Und auch die Kaufleute brauchten Platz in der Stadt: für sich, für ihre Pferde, ihre Fuhrwerke und ihre Waren. Immer dichter wurde die Stadt bebaut. Und weil es in den engen Gassen nicht genug Platz für neue Häuser gab, mussten viele Bäume weichen.

Wie gut, dass die Linde vorgesorgt hatte: Günstige Winde hatten schon längst ihre geflügelten Samen weit hinaus ins Umland geweht, in alle vier Himmelsrichtungen. Aus den Samen wuchsen viele, viele Nachkommen heran – kleine Lindenbäumchen, die sich dem Sonnenlicht entgegenreckten und -streckten, bis aus ihnen ebenfalls stattliche Lindenbäume geworden waren. Und auch diese Linden wurden der Mittelpunkt von Dörfern, zum Beispiel von Abtnaundorf, Anger, Böhlitz, Connewitz, Crottendorf, Dölitz, Dösen, Engelsdorf, Eutritzsch, Gohlis, Großzschocher, Hartmannsdorf, Kleinzschocher, Leutzsch, Lößnig, Miltitz, Mockau, Möckern, Plagwitz, Probstheida, Paunsdorf, Reudnitz, Schleußig, Schönau, Seehausen, Stötteritz, Thekla, Volkmarsdorf, Wahren und Wiederitzsch. Und nicht zu vergessen: von Lindenau und Lindenthal.

Die einst kleine Stadt Leipzig wuchs und wuchs. Die Stadtmauern wurden bald zu eng, und allmählich wurden die vielen kleinen Dörfer rings um Leipzig Teil der immer weiter wachsenden Stadt.

Seit Jahrtausenden geht eine geheimnisvolle Frau mit leisen Schritten unbemerkt übers Land. Sie geht durch die Straßen der Stadt, geht durch die Parks und Wälder. Sie trägt ein lichtblaues Gewand, leicht weht ihr silber-

weißes Haar im Wind. Sie schaut, wie die Linden im Frühjahr Knospen treiben. Sie bewundert die Blätter, wie sie wachsen und grünen. Sie erfreut sich daran, wie ganze Bienenschwärme die Bäume mit ihrem Schwirren und Gesumm füllen.

Wenn der Herbstwind in die Bäume fährt, lauscht die Frau dem Rascheln und Knistern der Blätter. Sie hört aufmerksam zu, was sie tuscheln und flüstern. Ein letztes Mal erzählen die welken Blätter einander, was dieses Jahr ringsum geschah. Dann wirbeln sie im Herbstwind davon oder trudeln sacht zu Boden. Jahr für Jahr verneigt sich die Frau dankbar vor den Lindenbäumen, hebt eins der Blätter auf, trägt es nach Hause und heftet es als neue Seite in ihr großes Buch. An langen Winterabenden blättert sie darin und erinnert sich an alle Geschichten, die sich einst in dieser Stadt zugetragen haben. Vor Jahren, Jahrhunderten, Jahrtausenden.

Und sie hofft auf viele weitere Blätter, die auch in Zukunft neue Geschichten über diese Stadt erzählen werden. Jahr für Jahr.

Woher der Name Leipzig stammt, wird wohl für immer ein Rätsel bleiben. 1051 wurde die Burg Libzi erstmals schriftlich erwähnt. Der Ort wurde auch Lipsk, Lipz, Libz, Libiz oder Lipczk genannt. Linde heißt auf Sorbisch „Lipa", Lipz könnte also „Ort bei den Linden" bedeuten. So bekam Leipzig den Beinamen Lindenstadt.

Leipzig gilt auch als Bachstadt – nicht wegen der vielen Bäche und Flüsse, sondern wegen Johann Sebastian Bach, der viele Jahre hier lebte und wirkte.

Und Leipzig ist Buchstadt. Lange Zeit war Leipzig mit seinen Verlagen, Druckereien und Buchmessen sogar die deutsche Buchhauptstadt. Heute kann man auf der Buchmesse nicht nur in den neuesten Büchern blättern, sondern beim größten europäischen Lesefest „Leipzig liest" vielen Autorinnen und Autoren begegnen.

Vielleicht liest dort eines Tages auch die Frau im lichtblauen Gewand aus ihrem Lindenblätterbuch vor.

Ort: Leipziger Messe, Messe-Allee 1

Der Flug des Löwen

Hermann von Harras war ein kühner, furchtloser Ritter, der schon in zahlreichen Kämpfen seine Feinde das Fürchten gelehrt hatte. Eines Tages befahl ihm der Kaiser, zum Kampf in ein fernes Land aufzubrechen.

Schweren Herzens verabschiedete sich Hermann von seiner lieben Frau Elisabeth. Er bat sie, treu auf seine Wiederkehr zu warten und gut für ihre gemeinsamen Söhne zu sorgen. Elisabeth gab ihm ihr Versprechen und versuchte tapfer, keine Abschiedstränen zu vergießen. Die vier Söhne Dietrich, Ullrich, Otto und Hermann jedoch klammerten sich an ihren Vater und wollten ihn nicht ziehen lassen. Da versprach er, ihnen ab und an ein Lebenszeichen zu schicken.

Doch mit diesen Zeichen war das so eine Sache. Hermann von Harras konnte nicht schreiben – ein Ritter musste das nicht können, und so hatte er es nie gelernt. Also bat er unterwegs gelegentlich einen Schreiber, für ihn ein paar Zeilen zu schreiben. Er konnte nur hoffen, dass diese Briefe den weiten Weg zu seiner Familie finden würden.

Im ersten Jahr trafen etliche Briefe bei Elisabeth ein. Im zweiten Jahr klopften immer seltener Boten bei ihr an, um ein Lebenszeichen zu bringen. Und nachdem das dritte Jahr vergangen war, warteten Elisabeth und ihre Söhne vergeblich auf weitere Briefe. Die Ängste und Sorgen Elisabeths, ob sie ihren Mann jemals wiedersehen würde, wuchsen von Tag zu Tag.

Doch Elisabeth war noch immer jung und schön. Und weil sie schon so lange ohne Mann lebte, bewarben sich bald einige vornehme Herren darum, sie heiraten zu dürfen. Elisabeth wies alle ab. Sie hatte ihrem Hermann Treue geschworen. Sie würde auf ihn warten, und wenn es bis ans Ende ihres Lebens sein musste.

Eines Tages kam ein Knappe geritten. Er überbrachte Elisabeth die traurige Nachricht, dass ihr Mann bei einem Kampf im fernen Land verletzt worden war. So schwer, dass er kurz darauf starb.

Kaum hatte sich diese Nachricht herumgesprochen, warben die edlen Herren noch eifriger um die Hand der schönen Elisabeth. Und schließlich, nachdem sie ein Jahr lang um ihren Hermann getrauert hatte, war sie bereit, noch einmal zu heiraten. An der Seite eines Mannes würde sie viel besser für ihre vier Söhne sorgen können.

Was Elisabeth allerdings nicht wusste: Hermann lebte noch. Und er lebte nicht allein, sondern hatte einen treuen Begleiter: einen Löwen.

Hermann war in jener Schlacht schrecklich verwundet worden. Er spürte seine Lebenskräfte schwinden und glaubte, sein letztes Stündlein hätte geschlagen. Mühsam schleppte er sich in den Schatten eines Baumes, brach dort zusammen und ergab sich seinem Schicksal.

Da näherte sich auf leisen Pfoten ein Löwe. Doch statt sich den wehrlosen Mann als Abendmahlzeit zu genehmigen, leckte der Löwe dessen Wunden, bis sie aufhörten zu bluten. Dann legte er sich an seiner Seite nieder und schützte ihn so vor der Kälte der nahenden Nacht. Ritter Hermann fiel in einen tiefen Schlaf, aus dem er drei Tage und drei Nächte später mit frischen Kräften erwachte. Seitdem wich der Löwe nicht mehr von seiner Seite.

Das Kämpfen hatte Hermann inzwischen aufgegeben. Er hatte nur noch einen einzigen Wunsch: nach Hause zurückzukehren, zu seiner Frau und seinen vier Söhnen. Er irrte durch ferne, fremde Länder, ohne den Weg in seine Heimat zu finden. Und während er sich über staubige, endlose Wege schleppte, trat eines Tages ein vornehm gekleideter Herr auf ihn zu und verkündete ihm, dass sich seine Frau am nächsten Tag mit einem anderen Mann verheiraten wolle.

Hermann von Harras schrie den Fremden an: „Ihr lügt! Meine Frau hat mir ewige Treue geschworen. Ihr faselt da von einer Hochzeit und wisst nicht einmal, wer meine Gemahlin ist."

„Oh, das ist schnell aufgeklärt. Nicht nur Eure Söhne Dietrich, Ullrich, Otto und Hermann brauchen endlich wieder einen Vater an ihrer Seite. Auch Eure liebreizende Elisabeth, die Ihr in zärtlichen Stunden heimlich Ilse nennen durftet, kann und mag nicht länger als einsame Frau leben."

Hermann erstarrte. Dieser Fremde kannte nicht nur die Namen seiner Söhne und seiner Frau, sondern er kannte auch den Kosenamen, der nie und nimmer jemand anderem als Elisabeth zu Ohren gekommen sein konnte. Unglaublich!

„Wenn Ihr das wisst, was sonst niemand weiß, könnt Ihr nur der Teufel sein", stöhnte Hermann. „Und wenn meine Elisabeth ab morgen einem anderen Mann gehören wird, dann ist mein Wunsch, zu ihr zurückzukehren, sinnlos geworden. So lasse ich alle Hoffnung auf eine glückliche Heimkehr fahren und werde an Ort und Stelle sterben."

„Na, na“, warf der Teufel ein, „wer wird denn gleich ans Sterben denken? Noch ist der morgige Tag nicht angebrochen. Noch könnt Ihr es rechtzeitig schaffen, Eure Elisabeth in die Arme zu schließen, ehe es ein anderer tun kann. Wozu bin ich der Teufel? Ich weiß Mittel und Wege, Euch zu helfen.“

„Und wie soll das gehen?“, fragte Hermann. „Seit vielen Monaten irre ich durch die Welt und finde nicht nach Hause. Wie sollte in wenigen Stunden zu schaffen sein, was ich so lange schon vergeblich versuche?“

Der Teufel verzog sein Gesicht zu einem spöttischen, dämonischen Grinsen und erklärte: „Ein kleiner Flug durch die Lüfte – und schneller als gedacht landet Ihr zu Füßen Eurer geliebten Ilse.“

Ach, wenn das möglich wäre! Aber sollte er sich tatsächlich vom Teufel helfen lassen? Andererseits: Welche Möglichkeit blieb ihm denn, die nahende Hochzeit seiner Elisabeth mit einem anderen Mann zu verhindern? Hermann grübelte und rang mit sich. Dann sagte er: „Wenn Ihr das für mich tun könntet – ich wäre der glücklichste Mann auf Erden.“ Händeringend bat er darum, nicht einen Augenblick länger zu zögern, sondern sofort aufzubrechen.

„Gleich, mein Freund, gleich“, entgegnete der Teufel. „Eine Bedingung allerdings ist an meinen Dienst geknüpft: Ihr lebt noch ein paar vergnügte Jahre mit Eurer Ilse, dann gehört Eure Seele mir.“

Und wieder begann Hermann zu grübeln. Wollte er wirklich seine Seele dem Teufel überlassen? Gab es keine Möglichkeit, des Teufels Dienste zu beanspruchen, ohne später mit der eigenen Seele dafür bezahlen zu müssen? Nachdenklich blickte Ritter Hermann zu seinem treuen Löwen. Der schaute ihn an, mit einem Blick, wie er nur üblich ist unter Freunden, die sich ohne Worte verstehen.

Das brachte Hermann auf eine Idee. Er wandte sich an den Teufel und sprach: „Zwar möchte ich schnellstens und unbedingt zu meiner geliebten

Frau zurückkehren. Aber meinen treuen Freund, diesen Löwen hier, kann und will ich nicht allein zurücklassen. Gern würde ich auf ihm durch die Lüfte nach Hause reiten."

„Kein Problem, wir fliegen zu dritt. Und damit Ihr seht, wie gut ich es mit Euch meine, mache ich Euch noch einen mehr als großzügigen Vorschlag: Solltet Ihr während des Fluges einschlafen, gilt unsere Vereinbarung und Eure Seele gehört mir. Falls Ihr es aber schafft, wach in Leipzig anzukommen, werde ich Euch nie wieder behölligen. Pardon: behelligen."

So stieg nun Ritter Harras auf den Rücken des Löwen, und schon begann der rasante Flug durch die Lüfte. Hermann schmiegte sich an den warmen, weichen Körper des Löwen und hielt sich an der mächtigen Mähne fest. Und wie alles rings um ihn rauschte und brauste, wie die Winde stürmten und die Wolken ihm um den Kopf wedelten, wurde er müder und müder. Und bald schon fielen ihm die Augen zu. Der Teufel sah es und rieb sich vergnügt die Klauen.

Sie flogen durch die Nacht, und als die Sonne gerade über den Horizont steigen wollte, näherten sie sich Leipzig. Zwar hatte der Löwe die Stadt nie zuvor gesehen, als er aber spürte, dass sie gleich dort landen würden, brüllte er vor Freude laut auf. Denn er war allemal lieber auf dem Erdboden unterwegs als in luftiger Höhe.

Dieses freudige Brüllen weckte Hermann auf, der sich kurz den Schlaf aus den Augen blinkerte, die Stadt erkannte und nun ebenfalls vor Freude laute Jubelschreie ausstieß.

Kaum waren sie gelandet, trollte sich der Teufel fluchend von dannen, während Hermann und sein Löwe gemeinsam zur Burg eilten. Gerade noch rechtzeitig. Elisabeth fiel glücklich ihrem Hermann um den Hals. Und weil ohnehin alles für ein großes Hochzeitsfest vorbereitet war, heirateten die beiden gleich noch einmal und freuten sich auf viele gemeinsame Jahre, die noch vor ihnen lagen.

Die Söhne Dietrich, Ullrich, Otto und Hermann freundeten sich mit dem Löwen an. Ging einer von ihnen aus dem Haus, dann nur noch in Begleitung des treuen Löwen.

Hermann von Harras stammte aus einer thüringischen Adelsfamilie, wurde zum Ritter geschlagen, kämpfte in zahlreichen Schlachten und ließ einmal aus Rache an einem einzigen Tag sechzig Thüringer Dörfer niederbrennen.

Sein steinernes Grabmal befindet sich in der Thomaskirche, darauf gibt es allerhand zu entdecken: Harras in voller Rüstung, mit Helm und sehr spitzen Schuhen, in einer Hand einen Streitkolben, in der anderen ein Schwert. Er steht auf einem zu klein geratenen Löwen mit Lockenhaar und einem Gesicht, das eher einem Mops oder einem Mann mit Schnurrbart ähnelt als einem Löwen.

Zugegeben: Das Grabmal entstand zu Zeiten, als in Leipzig Löwen noch unbekannt waren. Wer aber die Thomaskirche besucht, kommt wohl eher nicht wegen des kriegerischen Ritters, sondern wegen der wunderbaren Musik von Johann Sebastian Bach, dem einstigen Thomaskantor und weltweit verehrten Komponisten.

Ort: Thomaskirche, Thomaskirchhof 18

Das heilsame Wasser

An einem milden Sommerabend, noch war die Sonne nicht untergegangen, saßen Grete und Jakob vor dem Portal des Johannishospitals. Sie waren fast noch Kinder gewesen, als eine schlimme Krankheit sie getroffen hatte: die Lepra.

Überall in den Dörfern und Städten, so auch in Leipzig, lebten die Menschen in Furcht vor dieser Krankheit. Groß war die Angst, sich anzustecken. Wer die Anzeichen der Lepra nicht mehr verbergen konnte, wurde als Aussätziger aus der Stadt vertrieben. Und so war es Glück im Unglück, dass es das Johannishospital gab. Außerhalb der Stadtmauern gelegen, nahm es alle Leprakranken auf. Hier hatten sie ein Bett zum Schlafen, hier wurden sie versorgt. Aber ein Heilmittel gegen die Krankheit gab es nicht.

Tag und Nacht von Leid und Schmerz umgeben zu sein, war schwer zu ertragen. Deshalb schlichen sich Grete und Jakob abends aus ihren Krankenstuben. Auf den Sitzsteinen links und rechts neben dem wunderschön verzierten Portal ließen sie sich nieder, plauderten miteinander oder schauten einfach nur in den Himmel. So versuchten sie, wenigstens für eine Weile das Elend im Hospital zu vergessen. Auch wenn sie ihr eigenes Elend nie ganz vergessen konnten.

„Es ist allemal besser, hier draußen zu sitzen, als immerzu die verseuchte Luft atmen zu müssen", sagte Jakob. Er blickte sehnsüchtig in Richtung des Stadttores. „Wie gern würde ich mal wieder durch die Gassen der Stadt spazieren, den Gottesdienst in der Nikolaikirche besuchen, mir auf dem Naschmarkt eine kleine Köstlichkeit kaufen."

Grete schüttelte den Kopf und entgegnete: „Du weißt, dass wir nicht erwünscht sind. Jeder fürchtet sich vor uns. Fürchtet sich davor, ebenfalls

hier im Krankenhaus zu landen und elendiglich zu sterben. Ach, manchmal wünschte ich, dass ich auch bald von dieser Welt gehen dürfte. Was habe ich in diesem Leben noch zu erwarten? Wie sehr hatte ich mir gewünscht, einmal zu heiraten und viele Kinder zu bekommen. Aber wer würde jemanden wie mich zur Frau nehmen? Magd kann ich auch nicht werden. Wer holt sich schon freiwillig eine Kranke ins Haus? Noch trage ich nur ein paar rote Flecken an Armen und Beinen, die ersten Anzeichen der Krankheit. Aber wenn ich in der Schlafstube sehe, wie es anderen Mädchen und Frauen geht, wird mir angst und bange. Dann wünsche ich manchmal heimlich, dass mich ein gnädiges Schicksal schnell von dieser Welt in eine bessere Welt bringt."

„So darfst du nicht reden", unterbrach Jakob das Mädchen. „Du darfst die Hoffnung nicht aufgeben. Wer weiß, vielleicht können wir doch eines Tages in ein normales Leben zurückkehren. Auch wenn niemand eine Medizin gegen diese Seuche kennt, so habe ich doch gehört, dass manche Menschen wie durch ein Wunder geheilt wurden. Vor allem junge, starke Menschen."

„Jung bin ich wohl", meinte Grete, „aber stark? Stark bin ich nicht."

„Vielleicht schaffe ich es, für uns beide stark zu sein", sprach Jakob mit fester Stimme. Als wollte er nicht nur Grete Mut zusprechen, sondern auch sich selbst.

Da erklang in der Ferne Musik, fröhliches Gelächter und Gesang waren zu hören. Grete lauschte nachdenklich, dann fragte sie: „Weißt du, welcher Tag morgen ist?"

„Morgen ist Donnerstag", entgegnete Jakob.

Grete lachte leise. „Stimmt. Aber das meinte ich nicht. Morgen ist der 24. Juni, der Johannistag. Da ehren wir Johannes den Täufer, den Schutzheiligen unseres Hospitals. Früher habe ich am Abend vor Johanni immer Blumenkränze geflochten und an die Haustür gehängt. Denn in die Häuser, an denen kein Johanniskranz hängt, kehrt ein Jahr lang das Glück nicht ein, wird erzählt. Ich will aber, dass das Glück einkehrt. Ich wünsche so sehr, dass du und ich gesund werden."

„Nichts wünsche ich mir sehnlicher", sagte Jakob. „Aber glaubst du wirklich, dass ein Blumenkranz gegen die Krankheit hilft?"

„Schaden kann er wohl nicht", meinte Grete. Sie sprang auf, pflückte Wiesenblumen und Wildkräuter und wand daraus einen Kranz. Den setzte sie sich wie eine Krone auf den Kopf. „Und hübsch sieht so ein Kranz allemal aus. Schau her!"

Jakobs Augen wurden groß, dann flüsterte er andächtig: „Du siehst aus wie eine Königin. Wie eine wunderschöne Braut, trotz der Wunden, die die Krankheit dir schon zugefügt hat. Und sollten wir es eines Tages schaffen, dieses Haus des Jammerns und Sterbens einigermaßen heil zu verlassen, dann sollst du genau solch einen Kranz tragen – am Tag unserer Hochzeit."

„Jakob!", rief Grete, dann flüsterte auch sie: „Jakob, ich werde davon träumen. Heute Nacht. Und alle weiteren Nächte. Und vielleicht wird dieser Traum eines Tages in Erfüllung gehen." Sie nahm den Kranz vom Kopf und hängte ihn an die Pforte. Dann verabschiedeten sich die beiden voneinander und kehrten in ihre Schlafstuben zurück.

Am nächsten Morgen klopfte es an der Pforte des Hospitals. Eine junge Frau stand davor, in staubigen Kleidern, aber krank sah sie nicht aus. Und sie schien von innen zu leuchten, als ihr geöffnet wurde und sie sagte: „Ich heiße Maria. Ich komme von einer langen Pilgerreise zu euch und will mit euch beten, damit ihr von eurem Leid, von euren Schmerzen erlöst werdet."

Einige Kranke, die neugierig zur Pforte gekommen waren, starrten die junge Frau an und murrten: „Beten! Wir beten jeden Morgen, jeden Abend. Und was hat es uns gebracht?"

Doch Maria ließ sich nicht beirren. „Folgt mir", sagte sie. „Kommt mit mir, ich will eure Not lindern."

Ratlos schauten die Kranken einander an. Sollten sie dieser Fremden glauben? Was hatte sie vor? Wohin würde ihr Weg führen? Wäre es nicht besser, sich gleich wieder ins Bett zu legen und abzuwarten, bis auch dieser elende Tag vergangen war?

Da trafen sich in der aufgebrachten Menge die Blicke von Grete und Jakob. Grete fühlte sich nicht gut, sie hatte unruhig geschlafen und wäre am liebsten gleich wieder ins Bett geschlüpft. Doch in Jakobs Blick entdeckte sie so viel Hoffnung, die für beide reichte. Also schlossen sie sich den Kranken an, die bereit waren, mit Maria zu gehen.

„Folgt mir", sagte Maria mehrmals, wenn sich unterwegs einige kraftlos niedersetzten. Auch Grete war schnell erschöpft. Da griff Jakob nach ihrer Hand und zog sie mit sich.

Nach einem langen, beschwerlichen Weg kamen sie auf einer Wiese an. Maria kniete nieder und betete zu Gott, er möge den Kranken helfen. Da sanken alle, die mitgegangen waren, ebenfalls auf die Knie und beteten voller Hoffnung mit.

Als sich Maria nach einer Weile erhob, entsprang genau dort, wo sie gekniet hatte, ein frischer Quell. Maria zog aus der Tasche ihres Kleides einen Kelch, füllte ihn mit Wasser und reichte ihn nacheinander den Kranken.

Als Jakob an der Reihe war, nahm er den Kelch entgegen, gab ihn aber sogleich an Grete weiter. Und während sie daraus trank, war ihr, als würde ihr nicht nur das frische Wasser durch die Kehle rinnen, sondern als würde neue Kraft in sie strömen. Hatte sie sich das nur eingebildet? Sie reichte Jakob den Becher zurück, der ließ ihn erneut von Maria füllen, trank daraus. Und auch ihm erging es wie Grete.

Oder war es nur, weil es hier draußen in der freien Natur so schön war, an diesem lichten, leichten Sommertag? Und weil die Sonne viel angenehmer wärmte als die muffige Decke im Krankenbett? Und weil das Wasser so frisch durch die durstige Kehle geflossen war?

Grete suchte in Jakobs Gesicht, ob es ihm ähnlich ging wie ihr. Jakob schaute Grete an – und beide strahlten. Sie strahlten so, wie auch Maria von einem geheimnisvollen Leuchten umgeben war.

Als alle aus dem Becher getrunken hatten, trat ein weißes Reh aus dem nahen Wald heraus. Es lief auf Maria zu und kniete vor ihr nieder. Maria schwang sich auf seinen Rücken, die beiden entschwanden in den Connewitzer Wald und wurden nie wieder gesehen.

„Und nun?“, fragte Grete. „Gehen wir den weiten Weg zurück ins Hospital, zurück in die stickige Krankenhausluft? Wie gern bliebe ich hier. Würde aus der Quelle trinken, mich tagsüber vom Sonnenschein wärmen und nachts vom Sternenhimmel zudecken lassen.“

„Das klingt sehr schön“, entgegnete Jakob. „Im Sommer mag das noch angehen, aber was wird im Herbst und Winter? Wir brauchen ein Dach über dem Kopf. Im Moment bleibt uns nur das Hospital. Aber vielleicht, vielleicht werden wir beide gesund. Dann finden wir ein Haus, in dem wir leben können, als Mann und Frau, mit vielen Kindern.“

Seit diesem Tag pilgerten die beiden nahezu täglich zur Marienquelle und tranken daraus. Und mit jedem Schluck fühlten sie sich gesünder und kräftiger. Als könnten sie alles im Leben schaffen, was sie sich nur wünschten.

Wo in früheren Jahrhunderten das Johannishospital stand, steht heute das Grassimuseum. Bevor man das Museumsgelände betritt, kann man links – eingefügt in den Museumsbau – ein altes, reich verziertes Portal mit Sitznischen entdecken. Dort haben Grete und Jakob einst gesessen und gehofft, wieder gesund zu werden.

Aus der Marienquelle, auch Marienborn oder Marienbrunnen genannt, sprudelte zwar kein heilkräftiges Wasser hervor, aber gutes Trinkwasser, das mithilfe von Röhren nach Leipzig geleitet wurde. Inzwischen ist die Quelle versiegt, aber sie gab dem Ortsteil, in dem sie entsprang, ihren Namen: Marienbrunn.

Ort: Grassimuseum, Johannisplatz 5-11

Spuk auf der Funkenburg

An einem düsteren Herbstabend tobten rings um Leipzig heftige Unwetter. Wer konnte, hatte sich längst in sein Haus zurückgezogen und zur Nachtruhe gelegt – in der Hoffnung auf besseres Wetter am nächsten Morgen. Nur draußen vor der Stadt war noch ein einsamer Reiter unterwegs, vom Regen durchnässt, vom Wind zerzaust.

Sein Pferd stemmte sich mit aller Kraft gegen den Sturm, und doch kam es nur mühsam vorwärts. Dem Reiter war klar geworden, dass er es nicht mehr bis nach Leipzig schaffen würde. Die Stadttore waren bereits geschlossen.

Da führte ihn der Weg an einem Anwesen vorbei, das einsam und verlassen außerhalb der schützenden Stadtmauern lag – eine alte Ritterburg, die ihre ruhmreichen Zeiten längst hinter sich hatte und ein gespenstischer Ort geworden war. „Besser als nichts", dachte der Reitersmann, ein junger Ritter aus dem Thüringer Land. Er stieg von seinem Pferd und klopfte an die Pforte. Ob ihm jemand öffnen würde? Er glaubte nicht so recht daran. Wer wohnte schon freiwillig in einer halb verfallenen Burg? Wahrscheinlich war hier keine Menschenseele anzutreffen.

Eine Weile wartete er vergeblich. Gerade wollte er das verschlossene Tor mit Gewalt öffnen, da näherten sich schlurfende Schritte. Mehrere schwere Metallriegel wurden zur Seite geschoben, dann öffnete sich das Tor einen Spalt. Ein alter Mann mit schütterem Haar schaute heraus und grummelte etwas Unverständliches in seinen langen, grauen Bart.

„Ich bitte", sagte der junge Ritter mit einer höflichen Verbeugung, „um ein Nachtquartier. Mein Pferd ist erschöpft, es braucht einen Stall. Und auch ich wäre dankbar für einen trockenen Schlafplatz."

„Ach, ach", stöhnte der alte Mann nun vernehmlicher, „dieses verlassene Gemäuer ist kein guter Ort für Euch. Ihr müsst wissen: Hier spukt es! Schon lange wohnen keine Menschen mehr in dieser einst so stolzen Burg. Stattdessen haben Heerscharen von Geistern, Gespenstern und Gruselgestalten die leeren Hallen, Säle und Stuben in Besitz genommen. Nur ich, ein alter Ritter ohne Schwert und ohne Pferd, hause noch in einem letzten Winkel, zurückgezogen vom Leben und Treiben der Menschen. An mich alten Zausel haben sich die Geister längst gewöhnt. Sie wissen, dass ich nichts haben will von den Schätzen, die sie allüberall zusammengetragen haben und in den Kammern und Kellern der Burg aufbewahren. Doch wehe, ein nächtlicher Einbrecher versucht, auch nur ein Stück des sagenhaften Schatzes zu stehlen. Dann lehrt ein wilder Geisterspuk ihn das Fürchten. Noch jeder, der hierherkam, ist entsetzt geflohen. Wer wollte da ein Auge zumachen und seelenruhig schlafen können? Mein Rat: Sucht Euch eine andere Bleibe!"

„Recht vielen Dank für die Auskunft", entgegnete der junge Ritter. „Aber macht Euch um mich keine Sorgen. Ich bin müde von der langen Reise, ich werde schlafen wie ein Ratz. Und für eine Nacht wird so ein bisschen Spuk schon auszuhalten sein, zumal die Gespenster gewiss nicht lauter heulen können als der Sturm da draußen. Die Schätze interessieren mich übrigens nicht, ich bin reich genug." Den letzten Satz hatte er laut gerufen. Vielleicht konnten die Geister das hören und wären besänftigt.

„Nun, wenn Ihr es nicht anders wollt, so folgt mir", sagte der Alte kopfschüttelnd. Zunächst wurde das Pferd im Stall untergestellt, dann führte der alte Mann den jungen Ritter in einen Saal. Dort wies er auf ein einfaches Bett, wünschte eine gute Nacht und verzog sich schlurfenden Schrittes. Der junge Ritter sank auf das Bett, und kaum hatte er die wärmende Decke über sich gebreitet, war er auch schon eingeschlafen.

Als aber die Glocken zur Mitternacht läuteten, schreckte er aus dem Schlaf hoch. Er setzte sich im Bett auf und schaute sich um. Im Saal flackerte eine einzelne Kerze, durch das Fenster fiel blasses Mondlicht herein. Und nachdem der letzte Glockenschlag verklungen war, herrschte für einen Moment absolute Stille. Das Unwetter hatte sich offensichtlich verzogen.

Doch sogleich brach ein ungeheuerlicher Tumult los, ein Sausen und Brausen, ein Knacken und Knistern, ein Lärmen und Rumoren. Aus dem Kamin polterte etwas heraus, das aussah wie ... ein einzelner Arm! Entsetzt rieb sich der Ritter die Augen. Träumte er das alles nur? Oder täuschte ihn das Mondlicht? Er nahm all seinen Mut zusammen und schaute erneut zum Kamin. Da war ihm, als würden weitere Arme, Beine, Köpfe und Körper herauspurzeln. Die tanzten in einem wilden Wirbel umeinander und fügten sich blitzschnell zu geisterhaften Wesen zusammen. Bald war der ganze Saal mit gruseligen Gestalten gefüllt.

Der Ritter zog sich die Schlafdecke vors Gesicht und hoffte inständig, die Geister würden ihn nicht entdecken. Die schienen ihn tatsächlich nicht zu beachten. Sie tanzten weiter durch den Saal, bis sie schließlich einen großen Kreis bildeten. Sie fassten einander an den Geisterhänden, murmelten und zischelten seltsame Beschwörungen, dann rissen alle gleichzeitig die Hände in die Höhe. Da hob sich in ihrer Mitte eine festlich gedeckte Tafel aus dem Fußboden empor. Goldene Kerzenleuchter standen darauf, silberne Kannen und Kelche, kostbares Geschirr, gefüllt mit verlockend duftenden Speisen. Staunend verfolgte der junge Ritter das wundersame Schauspiel.

Einer der Geister füllte einen reich verzierten Pokal mit Wein und trat damit auf den Ritter zu, als wollte er ihn einladen, sich an die Tafel zu setzen und am festlichen Mahl teilzunehmen. Der Ritter ließ die Schlafdecke fallen, erhob sich und nahm den Pokal entgegen. Doch als er gerade drauf und dran war, einen Schluck zu trinken, packte ihn ein unsagbares Grauen. Hastig stellte er den Pokal beiseite und bekreuzigte sich. Auf einen Schlag waren die Spukgestalten verschwunden. Die Kerzenlichter erloschen, der Saal lag in Dunkelheit und Stille. Der Ritter sank auf sein Lager zurück. Der Schreck

über das eben Erlebte kroch ihm noch eine Weile durch sämtliche Glieder, dann schlief er endlich wieder ein.

Wie staunte er, als er am nächsten Morgen erwachte und die reich gedeckte Tafel noch immer mitten im Saal stand. Und nachdem er gemeinsam mit dem alten Ritter gefrühstückt hatte, so gut wie schon lange nicht mehr, beschloss er, die Burg zu kaufen. Damit erwarb er zugleich auch all die Schätze, die darin lagerten. Einen Teil davon verkaufte er und konnte mit dem Erlös das verfallene Gemäuer erneuern und wohnlich einrichten lassen.

Die Geister aber tauchten nie wieder auf, und so lebte der Ritter noch lange glücklich auf der Funkenburg.

In Leipzig gab es mehrere Funkenburgen an unterschiedlichen Orten. Im 15. Jahrhundert ließ der Münzmeister Andreas Funke auf einer Anhöhe außerhalb der Stadt einen Gutshof errichten, der Funkenburg genannt wurde. Am Ende einer kriegerischen Belagerung wurde der Gutshof zerstört. Aus seinen Steinen wurde eine neue Funkenburg gebaut, näher bei der Stadt. Später gab es noch zwei Gaststätten namens „Große Funkenburg“ und „Kleine Funkenburg“. Heute erinnern nur noch die Funkenburgstraße und die Funkenburgbrücke an die einstigen Funkenburgen.

In der Gegend, wo die erste Funkenburg stand, gibt es heute im Wilhelm-Külz-Park den Kulturbetrieb Wolkenschachlenkwal – ein Ort zum Entspannen, mit Veranstaltungen und Ausstellungen. Und mit einem ganz besonderen Angebot: Dort können sogar Kinder schweißen lernen. Vorsicht, wenn die Funken fliegen!

Ort: Kulturbetrieb Wolkenschachlenkwal, Friedhofsweg 10

Ein Hufeisen, drei Geschichten

„Hier ist es also", murmelte Thomas, als er die kleine Mauernische außen an der Nikolaikirche gefunden hatte. Er betrachtete das verschnörkelte Gitter aus Schmiedeeisen und das große Hufeisen, das dahinter befestigt war. Dabei versuchte er, sich alles haargenau einzuprägen. Da rempelte ihn jemand von der Seite her an. „He, was soll das, stör mich nicht, ich muss …", fauchte Thomas.

„Du musst dir merken, wie es aussieht. Damit du es später genau beschreiben kannst. Damit dir auch jeder glaubt, dass du auf deiner Wanderschaft wirklich in Leipzig warst. Und nun rück bitte mal ein Stück zur Seite, ich muss es mir auch einprägen. Ich bin übrigens Clemens, Bäckergeselle. Ebenfalls auf der Walz."

„Na, dann sind wir heute schon zwei Handwerksburschen, die das Wahrzeichen der Stadt bestaunen. Ich bin Thomas, Zimmermannsgeselle. Schon seltsam, dass ausgerechnet ein Hufeisen das Wahrzeichen sein soll. Obwohl ich da eine Geschichte kenne, die ..."

„Erzähle", sagte Clemens.

„Hehe, du unterbrichst mich schon zum zweiten Mal. Ich erzähle nur, wenn du jetzt schweigst."

Thomas wartete einen Augenblick, und als Clemens sich einen Finger auf die Lippen legte und stumm nickte, begann er: „Markgraf Diezmann ritt eines Morgens mit einigen Hofleuten und Dienern durch Leipzig. Als er hier an der Nikolaikirche vorbeikam, scheute sein Pferd und schlug mit dem Huf gegen die Kirchenmauer. So heftig, dass das Hufeisen einen Abdruck hinterließ. Diezmann zuckte zusammen und grübelte, wer oder was sein Pferd so erschreckt haben mochte. Vielleicht einer seiner Feinde? Diezmann blickte sich um, konnte jedoch niemanden entdecken. Also ritt er weiter zur Thomaskirche, stieg ab, ging in die Kirche und kniete zum Gebet nieder. Im selben Augenblick stürmte eine vermummte Gestalt mit einem Dolch in der Hand auf ihn zu und erstach ihn. Zwar eilten Diezmanns Diener herbei und schnappten den Mörder, aber das Leben ihres Herrn konnten sie nicht mehr retten. Das treue Pferd hatte wohl deshalb gescheut, weil es seinen Herrn nicht ins Unglück tragen wollte. Und zur Erinnerung an diese Begebenheit wurde dieses Hufeisen hier angebracht."

„Interessant", entgegnete Clemens. „Ich habe da eine ganz andere Geschichte gehört. Und zwar folgende: In Leipzig lebte einmal ein Schmied, der hatte ein hübsches Töchterlein namens Emma. Als sie heranwuchs, verliebten sich die jungen Männer scharenweise in sie. Das gefiel ihr wohl, aber noch mehr gefiel ihr Valentin, der bei ihrem Vater das Schmieden gelernt hatte und dieses Handwerk inzwischen meisterlich beherrschte. Doch Emmas Vater wollte es nicht dulden, dass seine einzige Tochter einen einfachen Schmiedegesellen heiratet. In Leipzig gäbe es edlere und reichere Männer für sie, meinte er und jagte Valentin aus dem Haus.

Unter Tränen nahmen die beiden Liebenden voneinander Abschied. Valentin verließ Leipzig und fand im Altenburger Land Arbeit. Gelegentlich kam ein Brieflein von ihm bei Emma an, die noch immer untröstlich war und alle Männer abwies, die der Vater ihr als Heiratskandidaten vorschlug.

Einmal beobachtete Emma einen Fuhrmann, der vor ihrem Haus stand und sich seltsam verhielt. Als würde mit dem Geschirr seiner Pferde etwas nicht stimmen. Emma ging zu ihm und fragte, ob er Hilfe brauche. Da flüsterte der Fremde ihr einen Gruß von Valentin zu. Wenn sie ihren Liebsten wiedersehen wolle, dann solle sie beim nächsten Vollmond in den Garten an der Stadtmauer kommen. Dort werde er auf sie warten.

Emma hätte am liebsten laut gejubelt, doch schnell hielt sie sich den Mund zu. Niemand sollte ihre Freude sehen, niemand sollte fragen, wohin ihre Traurigkeit so plötzlich verschwunden war. Voller Ungeduld wartete sie auf die nächste Vollmondnacht. Als es so weit war, schlich sie sich aus dem Haus, eilte in den Garten an der Stadtmauer und fiel ihrem Valentin um den Hals. Der bat sie, mit ihm zu fliehen.

Gemeinsam begaben sich die beiden auf den Weg zur kleinen Pforte in der Stadtmauer, als sie plötzlich Getrappel und aufgeregte Stimmen hörten. Offensichtlich war die geplante Flucht entdeckt worden.

Da schwang sich Valentin auf sein Pferd. Er zog Emma zu sich hinauf, gab dem Pferd die Sporen, lenkte es direkt auf die Stadtmauer zu und riss so heftig an den Zügeln, dass das Pferd in einem kühnen Sprung regelrecht

über die Stadtmauer flog. Alles ging gut, nur stieß das Pferd mit einem Hinterhuf an die Mauersteine und verlor dabei ein Hufeisen.

Valentin wurde ein angesehener Schmiedemeister, heiratete Emma, und endlich versöhnte sich Emmas Vater mit ihm. Zur Erinnerung an diese treue Liebe wurde das verlorene Hufeisen hier angebracht."

Kaum hatte Clemens seine Geschichte beendet, klatschte jemand direkt hinter ihm Beifall und sagte: „Bravo, ihr beiden! Zwei so unterschiedliche Geschichten über ein einziges Hufeisen. Fehlt nur noch die dritte, und die ist die schönste."

Clemens und Thomas drehten sich um und besahen sich den jungen Mann, der sie heimlich belauscht hatte. Der stellte sich vor: „Ich bin Gabriel, Geselle der edlen Buchdruckerkunst. Auch ich bin auf der Wanderschaft und will noch viel lernen. Ich glaube, Leipzig ist für mein Handwerk der beste Ort. Und wenn ich eines Tages eine eigene Druckerei führen werde, dann schreibe ich eure Geschichten und meine auf und werde sie drucken. Noch einen schönen Tag euch beiden!"

Schon wollte Gabriel seiner Wege ziehen, da hielten ihn die beiden anderen Burschen fest und riefen: „Halt, halt! Wenn du behauptest, deine Geschichte sei schöner als unsere, dann wollen wir nicht darauf warten, sie eines fernen Tages in einem Buch nachzulesen. Dann wollen wir sie jetzt gleich hören."

„Dachte ich mir doch", sagte Gabriel, grinste und begann zu erzählen: „Vor langen Zeiten stand in Leipzig ein Schloss, darin lebte ein Fürst mit seiner Tochter Jolinde. Doch sie wurden bedroht, von einem gefährlichen Lindwurm, der in den sumpfigen Wäldern ganz in der Nähe hauste. Dieses Ungeheuer verlangte vom Fürsten und von seinem Volk jeden Tag zwei Schafe. Und als es keine Schafe mehr gab, verlangte es Rinder, dann Pferde. Als aber nicht ein einziges Tier mehr in den Ställen zu finden war, verlangte es Menschen. Jeden Tag wurde ausgelost, wer sich unverzüglich dem grausamen Untier zum Fraß vorzuwerfen hatte. Da half alles Weinen, Jammern und Wehklagen nichts.

Eines Tages fiel das Los auf Jolinde. Der Fürst war untröstlich und bat seine Tochter, nicht zu gehen, stattdessen wolle er selbst sich opfern. Doch Jolinde hielt ihren Vater zurück und trat erhobenen Hauptes vor das Untier.

Schon riss der Lindwurm sein gefräßiges Maul auf, um die hübsche Fürstentochter mit einem Happs zu verschlingen. Da erklang Hufgetrappel, auf einem prächtigen Ross kam ein Ritter angeprescht, mit gezückter Lanze.

Jolinde erschrak. Sie fürchtete nicht um ihr eigenes Leben, damit hatte sie abgeschlossen. Aber diesem edlen Ritter würde es ergehen wie allen anderen kühnen Recken, die vergebens versucht hatten, das Untier zu erlegen. Voller Bange sah sie zu, wie der Ritter und der Lindwurm miteinander kämpften.

Immer wieder versuchte der Ritter, den Lindwurm tödlich zu treffen. Doch immer wieder prallte die Lanze am harten Schuppenpanzer ab.

Der Lindwurm schnappte unentwegt nach seinem Widersacher, aber Pferd und Reiter gelang es, jeweils im letzten Augenblick den scharfen Zähnen auszuweichen.

Abwechselnd bäumten sich das Pferd und der Lindwurm auf. Und in einem dieser Momente stieß der Ritter seine Lanze in den weichen, ungeschützten Bauch des Lindwurms, der besiegt zu Boden sank und seinen stinkenden Lebensatem aushauchte.

Als alles überstanden war, sprang der Ritter von seinem treuen Pferd und sah, dass es im Kampf ein Hufeisen verloren hatte. Noch während er tröstend das Tier streichelte, trat Jolinde auf ihn zu. Sie dankte dem Ritter, dass er nicht nur sie, sondern auch ihr Volk von dem gefräßigen Untier erlöst hatte.

Der Fürst bot ihm als Dank Gold und Reichtümer an, sogar seine Tochter als Braut. Doch der Ritter, der niemand anderes war als der berühmte Drachentöter Georg, wünschte sich nur ein neues Hufeisen für sein Pferd. Das Hufeisen jedoch, das das Pferd im Kampf verloren hatte, wurde an einen Lindenbaum genagelt. Und als dieser Baum eines Tages gefällt wurde, um Platz zu machen für neue Häuser, bekam das Hufeisen hier am Kirchengemäuer seinen endgültigen Platz."

Thomas und Clemens schwiegen einen Moment, dann sagte Thomas: „Ja, das ist eine schöne Geschichte. Die sollte unbedingt aufgeschrieben und oft erzählt werden." Und Clemens ergänzte: „Wenn ich uns so anschaue, will mir scheinen, dass wir alle drei ein wichtiges Handwerk lernen. Ich werde

Bäcker, damit die Leute etwas zu essen haben. Clemens wird Zimmermann, damit die Leute ein Dach über dem Kopf haben. Und Gabriel bringt mit seinen Büchern den Leuten die Geschichten ins Haus. Was wäre die Welt ohne uns!"

Und weil die drei sich auf Anhieb so gut verstanden, beschlossen sie, sich noch recht oft zu treffen, bevor jeder seiner eigenen Wege in andere Städte ziehen würde.

Das Hufeisen hinter dem verschnörkelten Gitter kann man noch heute an der Nikolaikirche besichtigen, an der Seite zur Ritterstraße hin. In früheren Zeiten mussten Handwerksburschen auf der Walz das Wahrzeichen der Stadt genau beschreiben können.

Aber woher kam der Lindwurm? Möglicherweise erzählt das diese kleine Geschichte: Ein Bauer brachte Eier zu einem Leipziger Gasthof. Der Hausknecht wunderte sich über ein ungewöhnlich großes Ei. Er stibitzte es und ließ es im warmen Pferdemist ausbrüten. Heraus kam ein kleines Tier mit Flügeln und vier Beinen, das schnell wuchs. Doch es war sehr gefräßig und verschlang Unmengen an Futter, weshalb es in den Leipziger Wald gejagt wurde. Dort fiel das Ungeheuer sogar Menschen an. Ein Ritter trat ihm mutig entgegen und trieb es im Kampf bis in die Ritterstraße, wo es endlich besiegt wurde.

Ort: Nikolaikirche, Nikolaikirchhof 3

Das Geschenk der Spinnerin

Vor langer Zeit lebten im kleinen Dorf Knauthain die jungen Leute Sebastian und Magdalena. Die beiden hatten vor ein paar Monaten geheiratet und gerade ihr erstes Kind bekommen, einen niedlichen Knaben namens Julius. Nur leider fanden sie nirgendwo in Knauthain ein Quartier, wo sie zu dritt wohnen konnten. Bis sie schließlich bei einer Bauersfrau am Rande des Dorfes anklopften.

Die hob bedauernd die Hände und sagte: „Platz hätte ich wohl für eine junge Familie. Gern würde ich euch aufnehmen. Aber in der Stube, die ich euch anbieten könnte, ist es nicht geheuer. Dort spukt es Nacht für Nacht. Besser wäre, ihr sucht euch eine andere Bleibe."

Doch Sebastian und Magdalena hatten ja schon überall im Dorf gefragt. Sie wussten, dass diese Stube die letzte Möglichkeit war, in Knauthain ein Dach über dem Kopf zu bekommen. Also zogen sie dort ein, mit ein paar Habseligkeiten und ihrem Kind. Erschöpft und glücklich sanken sie abends ins Bett und fielen sogleich in einen tiefen Schlaf.

Doch als die nahen Kirchenglocken zur Mitternacht läuteten, schreckten beide hoch. Hatten sie Schritte gehört, die näher kamen? Hatte die Stubentür geknarrt? Verwundert rieben sie sich die Augen und sahen im Mondlicht, wie sich die Tür leise öffnete. Herein kam ein altes Mütterchen mit einer Kerze in der Hand und einem Spinnrad unterm Arm.

Die fremde Frau schob wortlos einen Schemel in die Mitte der Stube, setzte sich nieder und begann zu spinnen. Doch so unermüdlich sie auch das Pedal trat, so flink sich das Rad drehte, so fleißig sich die Alte das Garn durch die Finger gleiten ließ – die Garnspule blieb leer.

Sebastian und Magdalena lagen mucksmäuschenstill in ihrem Bett und ließen die Frau gewähren. Auch in der nächsten Nacht. Und in der übernächsten. Bald hatten sie sich an die seltsame Besucherin gewöhnt, zumal das gleichmäßige Surren des Spinnrades nicht nur den kleinen Julius zu beruhigen schien, sondern auch die jungen Eltern in Geborgenheit wiegte.

Einmal musste Sebastian über Nacht fort, wollte aber ungern Frau und Kind allein lassen. Er zögerte. Doch da beruhigte ihn Magdalena: „Geh nur, liebster Sebastian. Ich fürchte mich nicht. Zu später Stunde kommt ja das Mütterchen mit dem Spinnrad und behütet uns. Was soll uns schon passieren?"

In der Nacht öffnete sich in gewohnter Weise die Stubentür, die alte Frau kam herein, setzte sich nieder und begann zu spinnen. Da endlich fasste sich Magdalena ein Herz und sprach die Frau an: „Liebes Mütterchen, es verwundert mich doch ein wenig, was Ihr in unserer Stube treibt. Ihr spinnt jede Nacht so ausdauernd und eifrig, und dennoch bleibt Eure Garnspule leer. Wie geht das zu?"

Die Alte seufzte erleichtert, ehe sie antwortete: „Liebe Tochter, mit deiner Frage hast du mich endlich erlöst. Heute war dafür der letzte mögliche Abend. Hättest du nicht gefragt, müsste ich weitere hundert Jahre zwischen Himmel und Erde verweilen und Nacht für Nacht spinnen, ohne dass sich jemals die Spule füllt. Der unsichtbare Faden, den ich spann, hielt mich gefangen zwischen den Welten. Das hat nun ein Ende, und dafür danke ich dir."

Die alte Frau schob das Spinnrad beiseite, erhob sich und sagte: „Komm einmal mit in die Küche." Dort zog sie unter dem Herd einen Topf hervor, der war randvoll mit blitzblanken Talern. Magdalena riss erstaunt die Augen auf. Da erklärte die Alte: „Das alles soll dir gehören. Verstecke es gut unter deinem Bett. Du darfst es aber neun Tage lang nicht anrühren und niemandem davon erzählen, nicht einmal deinem lieben Mann. Sonst wäre der Schatz verloren. Und dem ersten Bettler, der bei euch um ein Almosen bittet, dem schenkst du einen Taler. Erst dann wird dir das Geld in diesem Topf dauerhaft Glück bescheren."

Magdalena hielt sich genau an das, was die alte Frau ihr geraten hatte. Zwar war sie ein kleines bisschen traurig, dass die nächtliche Spinnerin nun nie wieder zu ihnen kam, aber fortan lebte die junge Familie ein gutes, sorgenfreies Leben.

Das Haus, in dem einst die alte Frau nachts am Spinnrad saß und sich für ihre Erlösung mit einem kostbaren Schatz bedankte – stand es möglicherweise im Schatzweg?

Das würde gut zum Märchen passen. Aber der Schatzweg wurde nicht nach einem geheimen Schatz benannt, sondern nach David Schatz. Er war ein berühmter Architekt, auch das Schloss Knauthain wurde nach seinen Plänen errichtet. Früher lebten dort hohe Herrschaften, vor knapp hundert Jahren wurde es zur Schule umgebaut. Heute ist es leider für Besucher geschlossen.

Dafür kann man im Schlosspark die Schätze der Natur ausgiebig genießen, den Pfad der Sinne testen und sich auf dem Naturlehrpfad über Fledermäuse und Wildtiere in der Stadt informieren. Oder man beobachtet die Enten auf dem Schlossteich, bewundert die Pferde auf dem Gestüt gleich nebenan und wandert über die Elsterbrücke hinweg zum Cospudener See.

Ort: Schlosspark Knauthain, Ritter-Pflugk-Straße 24

Die Liebe zweier Schwestern

Die Zwillingsschwestern Liese und Lotte liebten diese langen Winterabende, wenn es draußen dunkel war und drinnen in der Wohnstube das Kerzenlicht flackerte, wenn aus der Küche der Duft von Bratäpfeln herüberzog und Großmutter Berta am Spinnrad saß. Und noch schöner wurde so ein Abend, wenn Großmutter von früher erzählte. Oder ein Märchen. Oder eine spannende Geschichte.

„Großmutter, bitte erzähl uns etwas", bat Liese. Und Lotte fragte: „Kennst du vielleicht eine Geschichte über Zwillingsschwestern?"

Großmutter Berta wiegte nachdenklich den Kopf hin und her und sagte: „Ja, ich kenne eine. Aber es ist eine traurige Geschichte. Ich weiß nicht, ob ich sie euch erzählen soll."

Die beiden Mädchen zögerten nur kurz, ehe sie ihre Großmutter bestürmten: „Doch, bitte erzähle! Wir werden sie schon aushalten können. Es ist doch nur eine erfundene Geschichte. Oder?"

„Wie man es nimmt", meinte Großmutter Berta. „Sie soll sich hier in Leipzig zugetragen haben. Wie viel davon aber wirklich passiert ist und was hinzugedichtet wurde, weiß heute niemand mehr." Sie warf einen Blick auf ihr Spinnrad und auf das Garn, das sie gerade spann, dann sprach sie weiter: „Wenn Menschen beisammen sitzen, erzählen sie gern einander Geschichten. Das geht am besten am Spinnrad. Als ich noch jung war, saßen wir an langen Winterabenden in einer großen Runde in der Spinnstube, alle Mädchen und jungen Frauen hatten ihr Spinnrad dabei. Und während wir fleißig das Rädchen schnurren ließen, erzählten wir einander Geschichten. Oder was sich irgendwo zugetragen haben soll. Und manchmal haben wir dann den Faden einer Geschichte weitergesponnen."

„Ein bisschen wahr also?", fragte Liese. „Und ein bisschen ausgedacht?", ergänzte Lotte.

„Ja, so könnte man es sagen. Und nun: Stille sitzen und die Ohren spitzen!", ermahnte die Großmutter die Mädchen, ehe sie zu erzählen begann: „In Leipzig lebten einmal Zwillingsschwestern, die waren unzertrennlich, schon vom Tag ihrer Geburt an. Nie gab es ein böses Wort zwischen ihnen, nie neidete die eine der anderen etwas, was sie selbst gern gehabt hätte. Sie wuchsen zu hübschen jungen Mädchen heran, und wenn sie in der Stadt unterwegs waren, drehte sich jedermann nach ihnen um und erfreute sich an ihrem Anblick.

Vor allem drehten sich die jungen Männer nach ihnen um und verliebten sich augenblicklich in sie. Die Schar der Bewerber um die Hand der beiden Mädchen war groß.

Doch die Eltern hatten andere Pläne mit ihren Töchtern. Johanna, die stiller und sanfter war, sollte Nonne werden, im Leipziger Georgenkloster. Die lebenslustige Anna dagegen sollte einen reichen Mann heiraten, viele Stunden von Leipzig entfernt."

„Das ist so ungerecht", unterbrach Liese ihre Großmutter. „Wenn die beiden unzertrennlich waren, wieso wollten die Eltern sie trennen? Konnten die Mädchen gar nichts dagegen tun? Haben sie sich das einfach so gefallen lassen?"

Schnell griff sie nach der Hand ihrer Schwester und hielt sie ganz fest. Und Lotte fragte vorsichtig: „Die Geschichte geht schon traurig los. Wird sie noch trauriger?"

„Ja, leider", entgegnete die Großmutter. „Soll ich aufhören?"

„Nein, wir müssen doch wissen, was mit den beiden passiert ist!", riefen Lotte und Liese wie aus einem Munde.

„Also hört: Die beiden Mädchen waren entsetzt über die Pläne ihrer Eltern. Sie baten und bettelten, Vater und Mutter mögen doch ein Einsehen haben und ihnen dieses Schicksal ersparen. Doch das Wort der Eltern war Gesetz, die Mädchen hatten zu gehorchen, basta! Widerspruch zwecklos.

Und so schlichen die beiden nun tagsüber traurig umher. Das fröhliche Strahlen war aus ihren Gesichtern verschwunden, als hätte ihnen jemand vorzeitig das Lebenslicht gelöscht. Abends lagen sie gemeinsam im Bett, hielten sich fest in den Armen und beweinten ihr Schicksal. Niemals hätten sie sich vorstellen können, dass sich ihre Wege trennen würden. Sie überlegten sogar, heimlich zu fliehen und gemeinsam irgendwo in der weiten Welt zu leben. Doch noch ehe sie einen Plan schmieden konnten, war der schreckliche Tag des Abschieds gekommen. Hinter Johanna schlossen sich die Tore des Klosters, Anna wurde in eine Kutsche gesetzt, die sie zu ihrem reichen, unbekannten Bräutigam bringen sollte.

Das Leben hinter den Klostermauern wurde Johanna von Tag zu Tag schwerer. Die Strenge des Klosterlebens, die vielen Gebete, zu denen sie auch mitten in der Nacht aus dem Schlaf gerissen wurde – all das setzte ihr sehr zu. Aber was für sie noch schlimmer war: Ohne Anna fühlte sie sich wie ein halber Mensch.

Ihr einziger Trost war der schöne Klostergarten. So oft wie möglich meldete sie sich freiwillig für all die Arbeiten, die dort zu erledigen waren. Die frische Luft war allemal wohltuender als das kalte, trostlose Klostergemäuer, das ihr die Luft zum Atmen nahm. Nur dort, unter freiem Himmel, fand sie für kurze Zeit zu ihrem einstigen Frohsinn zurück. Und eines Tages fingen ihre Lippen von ganz allein an, ein Lied zu singen.

Das hörte ein junger Edelmann, der gerade in einem Boot saß und auf dem Fluss direkt neben dem Klostergarten entlangfuhr. Und weil er ganz verzaubert war von dieser schönen Stimme, kam er nun täglich hier vorbei.

Johanna blieb nicht verborgen, dass da ein junger Mann ihrem Gesang lauschte. Die beiden verliebten sich ineinander und beschlossen, gemeinsam durchs Leben gehen. Schon bald floh Johanna aus dem Kloster und stieg zu dem jungen Mann ins Boot.

Natürlich blieb die Flucht nicht unbemerkt. Es wurden Häscher ausgeschickt, die Johanna suchen, finden und bestrafen sollten. Doch Johanna war gut versteckt, im Kuhturm, gar nicht weit vom Kloster entfernt.

Das Unglück wollte es, dass genau zu dieser Zeit Anna nach Leipzig kam. Auch sie war auf der Flucht. In wenigen Tagen sollte sie den Mann heiraten, den ihre Eltern für sie ausgewählt hatten. Aber Anna fand ihn unerträglich. Er gab all sein Geld für Berge von Essen und viel zu viel Wein aus. Und wenn er lautstark rülpste und aus glasigen Augen Anna anstarrte, dann wäre sie lieber tot umgefallen, als die Frau dieses Mannes werden zu müssen.

Kaum war Anna in Leipzig angekommen, fiel sie den Häschern in die Hände, die eigentlich auf der Suche nach Johanna waren. Anna wurde vor ein Gericht gezerrt und zum Tode verurteilt. Sie hatte längst begriffen, dass die Häscher nicht nach ihr suchten, sondern nach ihrer Schwester. Aber sie klärte den Irrtum nicht auf. War sie noch vor ein paar Tagen zum Sterben bereit, würde sie halt jetzt sterben.

Und so brachten die Gerichtsdiener Anna zu einer Brücke am Elstermühlgraben. Dort fesselten sie ihr Hände und Füße und stießen sie in den Fluss.

Bald sprach sich das in Leipzig herum, und so erfuhr auch Johanna in ihrem Versteck davon. Das Glück, das sie kurze Zeit mit ihrem Liebsten genießen durfte, schmeckte jetzt nur noch bitter. Täglich pilgerte Johanna zu dieser Brücke und weinte dort um ihre Schwester. Bis sie vor Gram und Kummer starb. Und so waren die beiden erst im Tod wieder vereint. Zur Erinnerung an diese Begebenheit erhielt die Brücke den Namen Heilige Brücke."

Großmutter Berta war am Ende ihrer Erzählung angelangt. Die ganze Zeit hatte sie nebenbei fleißig Garn gesponnen. Nun blickte sie auf und sah zu den Mädchen, die noch immer Hand in Hand dasaßen und sich beide mit der freien Hand die Tränen aus den Augen wischten.

„Ich habe euch vorher gewarnt, dass es eine traurige Geschichte ist", meinte die Großmutter entschuldigend.

Da schniefte Liese, holte tief Luft und fragte: „Wieso wurde die Brücke Heilige Brücke genannt, wenn dort solch ein Unheil passiert ist?" Lotte hatte den gleichen Gedanken und setzte fort: „Dann müsste sie doch Unheilige Brücke heißen!"

Liese fragte weiter: „Muss die Geschichte wirklich so traurig enden? Können wir sie nicht anders erzählen?" Und Lotte ergänzte: „Vielleicht sind die beiden Schwestern doch noch glücklich geworden? Wie im Märchen, wo am Ende alles gut wird?"

Nachdenklich betrachtete Großmutter Berta den Wollfaden, der ihr durch die Finger glitt. Ein Lächeln schlich sich in ihr Gesicht, dann sagte sie: „Warum nicht? Was ich euch erzählt habe, ist eine Sage, die in Leipzig schon seit Jahrhunderten erzählt wird. So oder so ähnlich. Sie endet wie viele andere Sagen schrecklich traurig. Aber jeder, der sie erzählt, erzählt sie mit seinen eigenen Worten. Verändert hier ein bisschen, lässt da etwas weg, fügt dort etwas hinzu. Wenn ihr wollt, dann erzählt die Geschichte auf eure Weise. Lasst euch etwas einfallen! Auch ich freue mich über neue Geschichten."

Großmutter Berta stellte ihr Spinnrad beiseite, zupfte ein bisschen Garn ab und gab es den beiden Mädchen mit den Worten: „Hier, spinnt die Geschichte einfach so weiter, wie sie euch gefällt. Vielleicht findet ihr ein glückliches Ende."

Ein paar Tage später saßen Liese und Lotte wieder bei ihrer Großmutter und verkündeten mit strahlenden Gesichtern: „Wir haben lange überlegt. Jetzt erzählen wir dir, wie die Geschichte zu einem guten Ende fand."

„Na, da bin ich aber gespannt", meinte Großmutter Berta und griff nach ihrem Spinnrad. Und während ihre Finger flink die Wolle zu Garn verarbeiteten, erzählten die beiden Mädchen abwechselnd ihr Märchen: „Also, es war so, wie du gesagt hast: Anna wurde tatsächlich gefangen genommen. Sie wurde verurteilt und zur Brücke gebracht. Genau an der Stelle hatte der Wassermann tief unten im Wasser sein Schloss. Er schlief gerade, als er vom nächtlichen Tumult oben an der Brücke geweckt wurde. Unbemerkt tauchte er auf und sah einen ganzen Zug von Menschen, die eine junge Frau vor sich her stießen, sie an Händen und Füßen fesselten und ins Wasser warfen.

Wir wissen sehr wohl, dass Wassermänner Geister sind und eigentlich kein Herz haben. Doch dieser Wassermann sah, dass dort oben ein Unrecht geschah. Kaum hatten die Gerichtsdiener Anna ins Wasser gestoßen, nahm der Wassermann sie in die Arme, trug sie in sein Schloss und befreite sie von den Fesseln. Anna schlug die Augen auf und wunderte sich, dass sie nicht ertrunken war, sondern sich in einem gläsernen Palast wiederfand.

‚Willkommen in meinem Reich', sprach der Wassermann. ‚Keine Bange, ich tu dir nichts zuleide. Das haben die Menschen schon zur Genüge getan. Du kannst bei mir bleiben und wirst es gut haben. Meine Frau wird sich über deine Gesellschaft freuen, und meine lieben Kinder könnten jemanden brauchen, der gut auf sie aufpasst.'

Anna holte tief Luft. Kurz wunderte sie sich, dass sie unter Wasser atmen konnte. Sollte sie dem Wassermann sagen, dass sie lieber wieder zur Erde zurückkehren möchte? Aber dort oben würde sie den Häschern ganz gewiss ein zweites Mal in die Hände fallen. Also entschied sie sich dafür, im Palast des Wassermanns zu bleiben.

In Leipzig sprach es sich herum, dass eine junge Nonne ins Wasser gestoßen worden war und an Ort und Stelle ertrank. Das kam natürlich auch Johanna in ihrem Versteck zu Ohren. Sie verlor all ihre Fröhlichkeit und pilgerte nun jeden Tag zur Brücke. Und wie sie dort saß und weinte, tauchte eines Tages der Wassermann auf und sah sie dort sitzen. Er erschrak ganz fürchterlich. Er hätte schwören können, dass Anna im Palast bei seinen Kindern war! Und nun saß sie hier? Er rieb sich die Augen und rieb sie noch einmal. Aber da saß dieses Mädchen noch immer. War Anna aus seinem Palast geflohen?

Schnell tauchte er hinab, eilte durch sein Schloss und fand Anna, die die Wiege mit seinem jüngsten Kind schaukelte. Verwundert schüttelte er den Kopf, schwamm wieder nach oben – da saß dieses Mädchen noch immer und weinte.

Der Wassermann konnte sich das nicht erklären. Noch mehrmals tauchte er auf und tauchte wieder ab. Und immer war da dieses Mädchen. Zugleich oben an der Brücke und unten im Palast. War das Hexerei? Hatte er sich eine Hexe in sein Unterwasserschloss geholt? Wie gefährlich konnte sie ihm und seiner Familie werden? Würde sie seine Kinder verhexen?

Bevor er noch ganz wirr im Kopf wurde, tauchte er wieder hinab in sein Schloss und erklärte Anna, dass er sie nicht länger bei sich und seiner Familie dulden konnte. Er griff nach ihrer Hand, zog sie aus dem Wasser und verschwand ganz schnell wieder, aus Angst, er würde doch noch ihre Hexenkünste zu spüren bekommen.

Anna wunderte sich über diese seltsame Wendung ihres Schicksals. Und noch mehr wunderte sie sich, als sie ihre Schwester am Ufer sitzen sah. Die beiden fielen einander um den Hals, lachten und weinten, weinten und lachten. Gemeinsam eilten sie in Johannas Versteck, wo ihr Liebster auf sie wartete. Zu dritt verließen sie die Stadt und begannen ein neues, glückliches Leben."

„Bravo", rief Großmutter Berta aus, als die Mädchen ihre Geschichte beendet hatten. „Nur wüsste ich gar zu gern, ob auch Anna in der Ferne einen lieben Mann gefunden hat."

„Das", erklärte Liese, „ist eine andere Geschichte." Und Lotte ergänzte: „Die werden wir dir ein anderes Mal erzählen."

Überquert man vor dem Neuen Rathaus den Martin-Luther-Ring und die Harkortstraße, gelangt man zu einer kleinen Grünanlage. Hier ließen Nonnen im 13. Jahrhundert ein Kloster errichten. Sie bewirtschafteten nicht nur Gärten und Fischteiche, sondern betrieben auch eine Mühle: die Nonnenmühle. Kloster und Mühle stehen heute nicht mehr, auch nicht der Kuhturm. Nur in Straßennamen finden sie sich wieder: Nonnenmühlgasse, Kuhturmstraße und Kuhturmallee. Die Heilige Brücke gibt es noch, sie ist eine von über 400 Leipziger Brücken.

Wegen der vielen Flüsse und Mühlgräben wird Leipzig auch „Klein Venedig" genannt. Auf einer Bootstour über die verschiedenen Wasserstraßen kann man die Stadt ganz neu und anders entdecken – mit eigener Muskelkraft im Paddelboot oder bequem im Motorboot. Und wer mag, kann nebenbei nach der Wohnung des Wassermanns Ausschau halten.

Ort: Stadthafen Leipzig, Schreberstraße 20

Der Mönch in der Flasche

Vor Jahrhunderten gab es in Leipzig ein Kloster für Nonnen und drei Klöster, in denen Mönche lebten. Wenn die Mönche in den Gassen der Stadt unterwegs waren, konnte jedes Kind genau sagen, zu welchem Mönchsorden sie gehörten.

Die Dominikanermönche trugen ein weißes Gewand, auch ihr Schulterüberwurf mit Kapuze war weiß. An ihrem Ledergürtel hing ein großer Rosenkranz, dessen Perlen zum Beten genutzt wurden. Die Augustinermönche trugen ein schwarzes Gewand, ebenfalls mit Kapuze und Ledergürtel. Ganz schlicht gekleidet waren die Franziskanermönche, ihre Ordenstracht war eine dunkle Kutte mit langer, spitzer Kapuze. Statt eines Gürtels hielt ein weißer Strick ihr Gewand zusammen. Und weil sie keine Lederschuhe trugen, sondern barfuß gingen und notfalls nur mit einfachen Sandalen oder Schuhen aus Stroh ihre Füße schützten, wurden sie auch Barfüßermönche genannt.

Jeder Mönch musste ein Gelübde ablegen, gehorsam und in Armut ein gottgefälliges Leben zu führen. Wer zuvor Reichtümer besaß, spendete sie dem Kloster. Doch unter den Mönchen gab es etliche schwarze Schafe, die es mit den strengen Ordensregeln nicht so genau nahmen.

Einer davon war der Mönch Bruno, von allen nur Schwarzer Bruno genannt. Bevor er nach Leipzig kam und hier sein Unwesen trieb, lebte er in einem Kloster in Meißen. Dort hatte man bald bemerkt, dass sich Bruno allzu oft und allzu gern vor den Pflichten eines Mönchs drückte. Stattdessen übte er sich lieber in den geheimen Künsten der schwarzen Magie, die er in Italien erlernt hatte. Die Zaubereien und magischen Beschwörungen mit Hilfe des Teufels verlockten ihn tausendmal mehr als die Gebete zu seinem Gott.

So einen mochte man in Meißen nicht länger dulden, Bruno wurde des Klosters verwiesen.

Doch schnell fand er einen neuen Unterschlupf, diesmal in einem Kloster in Bautzen. Was er aber verheimlichte: Er hatte einen Teil seiner Reichtümer für sich behalten. Um diesen Schatz sicher vor den Augen der anderen Mönche zu verwahren, hatte er ihn im Grabgewölbe der Kirche versteckt, in einem gut verschlossenen Sarg. Manchmal, wenn seine Klosterbrüder schliefen, dann schlich sich Bruno zu dem Sarg, öffnete ihn und erfreute sich an seinen funkelnden Reichtümern.

Eines Tages stellte Bruno fest, dass der Schlüssel verschwunden war. Hatte er ihn verloren? Hatte jemand ihn heimlich beobachtet und den Schlüssel entwendet? Bruno versuchte, mittels Geisterbeschwörung und Zaubersprüchen den Schlüssel wiederzufinden. Oder den Dieb zu enttarnen. Doch das wollte und wollte ihm nicht gelingen. In Bruno brodelte die heiße Wut über diesen Verlust, wild und gefährlich. Wie wahnsinnig lief er tagelang schreiend durchs Kloster, jedes stille Gebet der anderen Mönche störte er mit wirren Reden. Und so dauerte es nicht lange, bis sich auch in Bautzen die Klosterpforten für immer hinter ihm schlossen.

Wohin sollte er sich nun wenden? Bruno hatte gehört, in Leipzig gäbe es Leute seiner Art, die sich mit teuflischer Magie auskannten. Vielleicht würde er einen Lehrmeister finden, der ihm in geheimen Beschwörungen zeigen konnte, wo und wie ihm dieser verflixte Schlüssel abhanden gekommen war.

In Leipzig wiederholte sich, was sich schon in Meißen und Bautzen abgespielt hatte: Bruno versäumte nicht nur die Gebete, er hatte auch keine Lust, mit dem Bettelsack durch Leipzig zu ziehen und um milde Gaben für die Klostergemeinschaft zu bitten. Und sich im Klostergarten oder in der Klosterküche abrackern wollte er schon gar nicht. Er trieb es sogar noch wilder als zuvor. Wieder und wieder schlich er sich ins Georgenkloster, erschreckte dort die Nonnen und versuchte, sie gewaltsam zu umarmen und zu liebkosen.

Da endlich kam ein Zauberer, der mächtiger war als Bruno. Er bannte den Mönch in eine kleine Kristallflasche, und diese Flasche wurde tief in der Erde vergraben. Nun konnten die Mönche und Nonnen in den Leipziger Klöstern wieder in Ruhe und Frieden leben.

Nach einiger Zeit sollte dort, wo die Flasche vergraben lag, ein Haus gebaut werden. Als die Baugrube ausgeschachtet wurde, stieß der Bauherr auf die Flasche mit dem Unruhegeist darin. Schnellstens versuchte er, die Flasche wieder loszuwerden. Doch all seine Versuche blieben ohne Erfolg. Sooft er die Flasche verschenkte oder an einem entlegenen Ort vergrub – sie kehrte immer wieder zu ihm zurück und ängstigte ihn. Schließlich vergrub er sie im Keller seines neuen Hauses, verkaufte das Haus und zog weit fort.

Einmal schickte der neue Hausbesitzer seine Tochter Dorothea in den Keller, eine Flasche Wein zu holen. Als Dorothea den Keller betrat, sah sie in einer Ecke etwas funkeln, ein seltsam flackerndes, flirrendes Licht. Das Mädchen trat näher heran, hob die kleine Kristallflasche hoch und musste sehr lachen, als sie den winzigen Mönch entdeckte, der in der Flasche auf und ab hüpfte und wie blankes Gold strahlte.

Sogleich eilte Dorothea zu ihrem Vater und bat darum, die Flasche mit dem Wesen darin neben ihr Bett stellen zu dürfen. Damit hätte sie in der Nacht immer ein Licht neben sich, das nicht so gefährlich war wie eine brennende Kerze.

Voller Entsetzen griff der Vater nach der Flasche und erkannte in dem winzigen Wesen den Schwarzen Bruno. Mit wenigen Worten erklärte er seiner Tochter, dass diese Flasche mit dem bösartigen Klostergeist viel gefährlicher war als eine einfache Kerze. Auf gar keinen Fall durfte dieses Teufelsding im Haus bleiben. Er band ein schweres Eisenstück an die Flasche, und gemeinsam versenkten Vater und Tochter sie in der nahen Pleiße.

Seither wurde die teuflische Flasche nie wieder gesehen. Vermutlich ist sie im Fluss zerbrochen, und so konnte der Schwarze Bruno seinem engen Gefängnis entkommen. Allerdings nicht als Mönch, sondern als schwarzer Hund, der nachts an den Ufern der Pleiße und der Elster unterwegs ist und mit seinem schauerlichen Heulen nächtliche Spaziergänger erschreckt.

Der heutige Leipziger Matthäikirchhof hat im Laufe der Jahrhunderte viele Veränderungen miterlebt. Einst stand hier die Burg Libzi. Nachdem sie geschleift worden war, errichteten im 12. Jahrhundert Franziskanermönche ihr Kloster „Zum Heiligen Geist", zunächst mit einer kleinen Kirche. Diese wurde im Laufe der Zeit erweitert und wegen der barfuß gehenden Mönche auch Barfüßerkirche genannt.

Nach der Auflösung des Klosters im 16. Jahrhundert wurde daraus die Neukirche, später die Matthäikirche. Auch sie wurde umgebaut und erweitert. Im 2. Weltkrieg wurde sie bei einem Bombenangriff zerstört und nach einem letzten Gottesdienst 1948 abgerissen.

Heute erinnert ein Denkmal im Matthäikirchhof an die einstige Kirche. Und das Barfußgässchen erzählt davon, dass hier die Mönche unterwegs zum nahen Markt und zurück in ihr Kloster waren.

Ort: Matthäikirchhof 22

Till Eulenspiegel und der falsche Hase

Weithin bekannt war Till Eulenspiegel als ein Schelm, vor dem man sich besser in Acht nehmen sollte. Schon in vielen Städten hatte er den Leuten derbe Streiche gespielt, hatte sie an der Nase herumgeführt, sie zum Narren gehalten und sich über sie lustig gemacht. Auf seinen Wanderungen kreuz und quer durchs Land kam er eines Tages auch nach Leipzig.

Sein erster Weg führte ihn durch den Brühl. Dort hatten sich die Pelzhändler und Kürschner angesiedelt. Wenn sie Tierfelle zu feinen Pelzen verarbeiteten, war das oft mit üblen Gerüchen verbunden. Eulenspiegel stiegen diese Gerüche sofort in die Nase. Er kannte sie gut, sie erinnerten ihn an seinen letzten Streich, den er in Berlin einem Kürschner gespielt hatte.

Till Eulenspiegel blieb stehen und überlegte. Ob hier wohl auch Wolfsfelle verarbeitet wurden wie in Berlin? Dort hatten sich hohe Herrschaften zur nächsten Jagd Mäntel aus Wolfspelzen bestellt, ganz nach der neuesten Mode. Die Berliner Kürschner hatten alle Hände voll zu tun, die Felle rechtzeitig für das Jagdereignis zu bearbeiten. Eulenspiegel stellte sich einem der Kürschner als Geselle in diesem Handwerk vor und pries ihm seine Fertigkeiten im Umgang mit Fellen aller Art an.

Der Kürschner konnte Hilfe dringend brauchen, also fragte er Eulenspiegel, ob er denn auch Wölfe machen könne. „Ja“, sagte Eulenspiegel, „dafür bin ich nicht als der Schlechteste im Sachsenland bekannt.“ Und sogleich machte er sich mit den Wolfsfellen an die Arbeit.

Er zerschnitt die Felle, nähte kleine Wölfe daraus, stopfte sie mit Heu aus und gab ihnen kurze Stöcke als Beine. Als der Kürschner den Schaden sah, geriet er außer sich vor Wut. Er wollte Eulenspiegel hart bestrafen und einsperren lassen. Aber Eulenspiegel entgegnete listig: „Meister, ich habe genau

nach Euren Worten gehandelt. Ich sollte Wölfe machen. Hättet Ihr gesagt, ich solle Wolfspelze machen, so hätte ich das getan." Mit finsterem Blick hatte sich der Kürschner geschlagen gegeben, während sich Eulenspiegel geschwind aus dem Staube machte.

Und nun war er also in Leipzig eingetroffen. Hier gab es Kürschner und Felle und Pelze zuhauf. Ob Eulenspiegel den Streich mit den Wölfen noch einmal spielen sollte? Aber nein, das wäre ja zu langweilig. Einen Streich hatten sie jedoch verdient, die Kürschner. Sie waren die ärmsten Leute nicht, zur nächsten Messe hofften sie wieder auf reiche Kunden aus nah und fern, die gutes Geld für die teuren Pelze zahlten. Und wenn der Berliner Kürschner Eulenspiegel den Lohn für die Wölfe schuldig geblieben war, sollten eben die Leipziger Kürschner dafür bezahlen.

Während Till Eulenspiegel an den Werkstätten der Kürschner vorbeischlenderte und noch grübelte, welchen Streich er diesmal aushecken könnte, hörte er, wie sich zwei Kürschnermeister unterhielten.

Der eine sagte: „Ein großes Fest soll es werden, für alle Kürschnermeister Leipzigs. Übermorgen wollen wir feiern. Wie schön wäre es, mal wieder einen ordentlichen Hasenbraten auf den Tisch zu bringen. Nur werden dieses Jahr kaum Hasen auf dem Markt angeboten. Und wenn, dann nur magere, die nicht mal für eine dünne Suppe taugen. Falls Ihr einen Hasen seht, möglichst schön fett – bitte unbedingt kaufen!"

Der andere Meister nickte, und Till Eulenspiegel prägte sich die Gesichter der beiden ein. Dann schritt er von dannen und suchte sich in einem Gasthaus ein Abendessen und ein Nachtquartier.

Während er sein bescheidenes Mahl verzehrte, schlich ihm der dicke Kater des Gastwirts um die Beine. „Na, du bist ja mal ein schöner, fetter Happen", flüsterte Till Eulenspiegel dem Kater zu und strich ihm über das weiche Fell. „Du bist besser genährt als solch ein Hungerleider wie ich. Aber gut so, gut so! Du bist mir allemal willkommen für einen feinen Spaß, über den wir beide noch lange lachen werden."

Wieder und wieder streichelte Eulenspiegel dem Kater das Fell. Das gefiel dem Kater, er wollte gar nicht mehr von Eulenspiegels Seite weichen und folgte ihm sogar in die Schlafkammer, wo die beiden des Nachts um die Wette schnurrten und schnarchten.

Am nächsten Morgen bat Till Eulenspiegel die Frau des Gastwirts um ein Hasenfell und kaufte es ihr für ein kleines Geld ab. Mit dem Fell verzog er sich in seine Schlafkammer, wo noch immer der Kater im Bett lag und leise vor sich hin schnurrte.

„Ich passe auch gut auf, dass ich dir nicht wehtue", flüsterte Eulenspiegel dem Kater zu. Er nahm ihn behutsam hoch, stülpte ihm das Hasenfell über und nähte es mit flinken Stichen zu. Dann zog er sich andere Kleider an, dass er nun aussah wie ein Bauer. Und so marschierte er mit dem Katerhasen auf dem Arm zum Markt, wo er ihn zum Verkauf anbot.

Etliche Leute hätten liebend gern den vermeintlich fetten Hasen gekauft. Als sie aber den viel zu hohen Preis hörten, verging ihnen sogleich der Appetit auf Hasenbraten. Till Eulenspiegel hielt indes Ausschau nach den Kürschnermeistern, die er gestern belauscht hatte. Und tatsächlich kam einer der beiden vorbei, sah den Hasen und wollte ihn unbedingt haben. Für vier Silbergroschen wurden sich die beiden handelseinig. Eulenspiegel lachte sich mal wieder ins Fäustchen, wie schnell er gutes Geld verdient hatte. Und der Kürschner freute sich über seinen guten Kauf.

Stolz trug er den Katerhasen nach Hause und zeigte ihn den anderen Kürschnermeistern, die gerade bei Wein und Lärm und Fröhlichkeit beisammensaßen. Alle bestaunten das Prachtexemplar und freuten sich auf den fetten Braten, der daraus zubereitet werden sollte.

Doch bis es so weit wäre, sollte der Hase noch ein bisschen an der frischen Luft herumhoppeln dürfen. Die Kürschner setzten den Hasen in einen umzäunten Grasgarten.

Da kam einer auf die Idee, man könnte doch zum Spaß und Zeitvertreib eine kleine Hasenjagd veranstalten. Also wurden ein paar Jagdhunde herbeigeholt und auf das arme Tier gehetzt. Der vermeintliche Hase rannte jedoch nicht davon, sondern sprang auf einen Baum und rief laut: „Miau! Miau!"

Wütend schauten die betrogenen Kürschnermeister einander an. „Dieser Gauner, dieser Halunke", schrie der, der den Katerhasen gekauft hatte. „Das soll er büßen! Wir werden ihn finden und ihm tüchtig das Fell gerben! Schnell zum Markt!"

Sogleich stürmte die versammelte Mannschaft der Kürschnermeister los, die Jagdhunde im Schlepptau.

Doch Till Eulenspiegel fanden sie nicht. Der hatte längst die Bauernkleider abgelegt und war unerkannt in der Nähe des Katers geblieben. Von einem Versteck aus hatte er mitangesehen, wie der Kater vor der Hundemeute geflohen und auf den Baum gesprungen war. Eulenspiegel kletterte in den Garten, lehnte eine Leiter an den Baum und hob den verängstigten Kater herunter.

Beruhigend sprach er auf ihn ein: „Danke, du Guter. Gleich will ich dich aus dem Hasenpelz befreien. Dein eigenes Fell steht dir allemal besser zu Gesicht."

Eulenspiegel trug den Kater zum Gasthaus zurück, trennte vorsichtig die Fäden auf und befreite das Tier aus seinem falschen Pelz. Dann streichelte er den dicken Kater ein letztes Mal, ehe er schleunigst die Stadt Leipzig verließ, mit vier ganz wunderbar klimpernden Silbermünzen in der Tasche.

Der Brühl ist eine der ältesten Straßen Leipzigs. Alle Kaufleute, die aus Paris, Frankfurt oder Erfurt durch Leipzig Richtung Osten zogen, kamen hier entlang. Ebenso die Händler aus Meißen, Görlitz, Krakau und Kiew, wenn sie mit ihren Wagen westwärts unterwegs waren. Der Brühl war also dank seiner Lage bestens geeignet für gute Geschäfte.

In fast jedem Haus am Brühl hatten Kürschner und Pelzhändler ihre Werkstätten und Läden. Es war durchaus sinnvoll, dass sie alle in einer Straße wohnten, denn das Bearbeiten der Felle war mit unangenehmen Gerüchen und lauten Klopfgeräuschen verbunden. Diese Belästigung wollte man lieber nicht in der ganzen Stadt haben, auch wenn die Steuern, die die Pelzhändler zahlen mussten, ein wahrer Geldsegen für Leipzig waren. Noch bis ins 20. Jahrhundert galt der Brühl als „Weltstraße der Pelze".

Ort: Brühl

Die teuflische Eule

„Johannes, nun öffne doch endlich!", rief Baltasar Meißner. Wieder und wieder klopfte er heftig an die Haustür, dass es durch die nächtliche Petersstraße hallte. „Ich werde mich beim Hausherrn beschweren! So geht das nicht weiter! Wie lange soll ich denn noch im Regen stehen?"

Da öffnete sich im Haus gegenüber ein kleines Fenster, eine verschlafene Frau schaute heraus und schimpfte: „Jede Nacht das gleiche Spektakel! Nie kann man in Ruhe schlafen! Nur weil dieser Taugenichts, dieser Johannes, es nicht schafft, den Hausgästen die Tür zu öffnen. Was doch wohl seine Aufgabe ist als Hausknecht!"

Ihr Mann beugte sich ebenfalls aus dem Fenster und rief: „So spät in der Nacht auf der Straße vor dem Gasthaus stehen zu müssen und nicht hineinzugelangen, das wünscht man nicht mal seinem ärgsten Feind. Da ich nun ohnehin wach bin, lade ich Euch, verehrter Herr, auf einen heißen Trunk ein. Ein Bett für eine Nacht haben wir auch noch frei. Und morgen früh beschwert Ihr Euch beim Hauswirt. Dieser Johannes darf nicht länger in seinen Diensten bleiben."

Baltasar Meißner war froh und erleichtert über die Einladung. Während er das Haus der freundlichen Leute betrat, warf er einen wehmütigen Blick über die Schulter zurück. Da drüben lockte das gemütliche Gästezimmer, in das er sich für ein paar Tage eingemietet hatte. Und doch war es wie verhext mit diesem Hausknecht. Wie oft hatten Gäste nachts vor verschlossener Tür gestanden und vergeblich gehofft, dieser verschlafene Johannes würde die Güte besitzen, seiner Pflicht nachzukommen und endlich die Tür zu öffnen.

Johannes jedoch war ein hoffnungsloser Fall und völlig ungeeignet für diese Aufgabe. Es konnte ihm ja wohl keiner verübeln, dass er sich abends ins Bett legte, nach den vielen Aufgaben, die er tagsüber zu erledigen hatte. Aber kaum lag er da, war er auch schon eingeschlafen. Und wie gern er schlief! Wie fest ihn die Zipfel seiner Zudecke ans Bett hefteten! Und wie schnell war alle Pflicht vergessen, sobald sich Johannes in seinen Träumen verlor.

Doch damit sollte jetzt Schluss sein. Baltasar Meißner eilte am nächsten Morgen schnurstracks zum Hausherrn und schilderte ihm die unerträgliche Lage. Woraufhin der Hausherr seinem Knecht Johannes androhte, ihm zu kündigen, sollte sich dergleichen noch einmal wiederholen.

Was sollte Johannes bloß tun? Die Aussicht, seine Arbeit zu verlieren, bereitete ihm großen Kummer. So sehr, dass er sich den ganzen Abend unruhig im Bett wälzte, von einer Seite auf die andere und wieder zurück. In dieser Nacht konnte er nicht einschlafen, zum Glück für die Gäste des Hauses, die zu später Stunde an die Pforte klopften.

Auch am nächsten Abend trieben ihn die Sorgen um. Und am übernächsten. Er war hin- und hergerissen zwischen der Angst, aus dem Haus gejagt zu werden, und dem Wunsch, in aller Seelenruhe schlafen zu können.

Und während er sich auch am dritten Abend vor dem Einschlafen fürchtete, stand plötzlich zu mitternächtlicher Stunde ein Mann in seiner Schlafkammer – ganz ohne angeklopft zu haben. Johannes sprang auf, starrte seinen Besucher an und glaubte, der Hauswirt wäre gekommen, um ihn nun endgültig zu vertreiben.

Doch es war nicht der Hauswirt, sondern ein Herr in vornehmer Kleidung. Er roch ein wenig seltsam, ein leichter Schwefelgeruch zog durch den Raum.

„Ich habe“, sprach der Besucher ohne ein Wort der Begrüßung, „von deinem Missgeschick gehört. Und ich bin bereit, dir aus deiner Verlegenheit zu helfen.

Wenn du einverstanden bist, übernehme ich deine Nachtwache – in Gestalt einer Eule. Ich setze mich draußen unters Dach, und sobald sich ein Hausgast nähert, wecke ich dich."

„In Gestalt einer Eule?", fragte Johannes verwundert. „Wie sollte das möglich sein? Seid Ihr etwa ..."

„Ja, der bin ich. Höchstpersönlich. Der Teufel. Und sicher kannst du dir denken, dass solch ein Dienst seinen Preis hat. Zehn Jahre will ich dir treulich dienen, dann gehört deine Seele mir."

Schon zog der Teufel ein Blatt Papier, ein kleines Messer und eine Schreibfeder aus der Tasche, breitete alles auf dem Tisch aus und sagte: „Eine kleine Unterschrift mit deinem Blut, dann gilt der Vertrag. Und du kannst zehn Jahre lang in aller Seelenruhe schlafen."

Dem armen Johannes schwirrte der Kopf. Mit dem Teufel einen Pakt zu schließen, das ging niemals gut aus. Aber andererseits: Er wollte endlich wieder ungestört schlafen können, ohne mit einem Ohr immer in die Nacht lauschen zu müssen, ob da jemand an die Pforte klopft. Wie sollte er sich bloß entscheiden?

„Ich bitte um einen Tag Bedenkzeit", sagte er schließlich. „So etwas will gut überlegt sein, das kann ich nicht von jetzt auf gleich entscheiden."

„So sei es", entgegnete der Teufel gelassen. „Und mein Geschenk an dich: Schon heute Nacht werde ich Wache halten, ganz ohne Vertrag. Damit du siehst, wie ernst mein Angebot ist." Er steckte Papier, Messer und Feder wieder ein, schüttelte sich einmal kräftig, faltete die Flügel auseinander, flog zum Fenster hinaus und zum Dach hinauf.

Johannes kniff sich mehrmals kräftig in die Wangen. Hatte er das eben nur geträumt? Oder hatte ihn tatsächlich der Teufel höchstpersönlich besucht? Noch immer lag der leichte Schwefelgeruch in der Kammer. Also war es kein Traum gewesen! Also musste er jetzt wirklich überlegen: Sollte er das Angebot annehmen? Oder sollte er lieber die Finger davon lassen, seine Seele dem Höllenfürsten zu versprechen? Doch noch ehe er diesen Gedanken zu Ende gedacht hatte, war er auch schon eingeschlafen.

Am nächsten Abend, wieder ging es auf Mitternacht zu, stand der Teufel erneut vor ihm und fragte: „Na, hast du gut geschlafen, während ich für dich die Wache hielt?"

„So gut wie schon lange nicht mehr", erwiderte Johannes in bester Laune. „Und so soll es auch bleiben. Wenn ich es recht bedenke, ist die Aussicht auf die nächsten zehn Jahre, in denen ich vorzüglich schlafen werde, höchst erfreulich. Und was danach kommt ..."

„Was danach kommt, wirst du zu gegebener Zeit erleben. Oder auch nicht. Wie man es nimmt", sagte der Teufel und lachte sein dämonisches Lachen. Erneut legte er Papier, Messer und Feder bereit. Johannes ritzte sich den Finger, drückte einen Tropfen Blut heraus und unterschrieb den Vertrag.

„Abgemacht und beschlossen. In zehn Jahren gehört deine Seele mir“, sagte der Teufel. Seit diesem Abend wachte er allnächtlich oben unterm Dach. Johannes konnte in Ruhe schlafen, und niemand beschwerte sich jemals wieder über ihn.

Drei Nächte, bevor das Ende der zehn Jahre nahte, stand der Teufel wieder in der Schlafstube und verkündete: „Noch drei Nächte wache ich für dich, dann ...“ Was dann passieren würde, sprach er nicht aus, aber seine Handbewegung war eindeutig: Er würde Johannes den Hals umdrehen.

Johannes verfiel in tiefe Traurigkeit. Ja, er hatte den teuflischen Vertrag unterschrieben. Eigenhändig. Aber gab es keinen Ausweg, keine Möglichkeit, dem Teufel zu entkommen? Johannes hatte seinen Hals und sein Leben recht lieb. Und nicht nur das. Im Haus gegenüber diente seit einem Jahr eine hübsche junge Magd namens Katarina. Die beiden mochten einander und träumten von einem gemeinsamen Leben. Und dieser Traum sollte nun ausgeträumt sein? Aus und vorbei?

Die ganze Nacht konnte Johannes kein Auge zumachen. Aber eine Idee, wie er sich vor der Hölle retten konnte, hatte er nicht. Er musste seiner Liebsten beichten, wie es um ihn und um ihren gemeinsamen Traum stand. Also schleppte er sich am nächsten Morgen hinüber zu Katarina und ließ sich dort auf die Küchenbank fallen. Aschgrau im Gesicht, kein Wort kam über seine Lippen.

„Was ist mit dir, liebster Johannes?“, fragte Katarina. „Bist du krank? Kann ich dir helfen?“

Da brach es aus Johannes heraus: „Zu spät. Mir kann niemand mehr helfen.“ Er erzählte ihr die ganze Geschichte. Katarina erschrak, umarmte ihn fest, als wollte sie ihn nie wieder loslassen. Dann sagte sie: „Ich habe auch keine Idee, wie man den Teufel überlisten könnte. Komm morgen früh wieder. Ich will den ganzen Tag und die ganze Nacht darüber nachdenken.“

Am nächsten Morgen schleppte sich Johannes noch betrübter zu Katarina hinüber. Ein letzter Tag und eine letzte Nacht blieben ihm. Dann würde ihm der Teufel das Lebenslicht auspusten. Doch wie erstaunt war Johannes, als Katarina ihn gut gelaunt empfing und sagte: „Setz dich, Liebster, ich habe die rettende Idee." Dabei wies sie auf einen Kohlkopf, der vor ihr auf dem Tisch lag.

„Ein Kohlkopf soll mich retten? Wie das?", fragte Johannes.

„Wart's ab", meinte Katarina, griff nach einem kleinen Küchenmesser und schnippelte an dem Kohlkopf herum. So lange, bis sie ein Gesicht geschnitzt hatte, das Johannes ähnelte. Na, wenigstens ein bisschen.

„Ja, ja, ich habe verstanden", stöhnte Johannes. „Ich bin ein Kohlkopf. Aber warum bist du so vergnügt?"

„Heute Abend wird dieser schmucke Kohlkopf in deinem Bett auf den Teufel warten. Du hast doch sicher ein Hemd übrig, das wir ordentlich mit Stroh ausstopfen können? Schließlich braucht so ein Kopf ja auch einen Leib."

Da endlich begriff Johannes. Seine Augen begannen zu leuchten, die Betrübnis der letzten Tage war wie weggeblasen. Er umarmte Katarina und rief: „Du bist mein Engel, meine Rettung! Ohne dich wäre es mit mir zu Ende."

Am Abend packten die beiden die Strohpuppe samt Kohlkopf ins Bett, Katarina gab Johannes noch einen Kuss, dann legte er sich unters Bett und wartete auf die Dinge, die da geschehen würden.

Schlag Mitternacht stand der Teufel in der Schlafkammer und rief freudig: „Jetzt, Johannes, gehört deine Seele mir. Ab mit dir in die Hölle!"

Mit diesen Worten stürzte er zum Bett und drehte den Kohlkopf einmal rundherum. Und mit dem Kohl unterm Arm flog er zum Fenster hinaus. Doch als er im Mondlicht entdeckte, was er da mit sich führte, wurde er fuchsteufelswild und fluchte: „Zur Hölle! Zur Hölle mit diesem Ding!" Wütend schmetterte er den Kohlkopf in die Petersstraße hinab.

Katarina, die alles aus dem Haus gegenüber beobachtet hatte, lachte erleichtert auf. Doch zugleich dachte sie, dass es schade wäre, den Kohlkopf einfach auf der Straße liegen zu lassen. Sie eilte hinaus, hob den etwas zerschmetterten Kohl auf und betrachtete ihn von allen Seiten. Nein, er sah nun nicht mehr aus wie der Kopf ihres Liebsten. Und das war auch gut so. Die zerdrückten Stellen würde sie wegschneiden und aus dem Rest eine Suppe kochen – für sich und ihren Johannes.

Eine Suppe, von der die beiden noch Jahre und Jahrzehnte später ihren Kindern und Enkeln erzählten.

In früheren Zeiten hatten die Häuser keine Hausnummern, sondern klangvolle Namen und waren an ihren Hauszeichen zu erkennen. So gab es in Leipzig zum Beispiel diese Häuser: Zum roten Adler, Zum roten Löwen, Zur goldenen Gans, Zur güldenen Glocke, Zu den drei Schwanen, Zum blauen Hecht, Zum wilden Mann.

An einem Haus in der Petersstraße soll eine steinerne Eule zu sehen gewesen sein, als Erinnerung an die Geschichte mit der teuflischen Eule. Dieses Haus samt Eule wird man heute vergeblich suchen, aber die Eule hat einen neuen Platz gefunden. In der Nikolaistraße 55 sitzt sie über dem Hauseingang und bewacht das Haus. Warum dieses Haus „Das schwarze Hufeisen" heißt, hat mit seiner Geschichte zu tun. Wer mag, kann sich aber gern zu diesem Hauszeichen mit Eule, Hufeisen, zwei Schlangen und zwei Kelchen eine neue Geschichte ausdenken.

Ort: Nikolaistraße 55

Das verliebte Gespenst

Es war schon tief in der Nacht, der Mond schien hell durchs Fenster in die winzige Dachkammer herein. Andreas schlug das Buch zu, in dem er bis eben fleißig studiert hatte.

„Genug gelernt für heute", sprach er zu sich selbst und rieb sich die müden Augen. Er pustete die Kerze aus, legte sich ins Bett und schaute sich glücklich in der Dachkammer um, die nun seine kleine Welt war. Die bestand aus dem schmalen Bett, einem Tisch samt Stuhl und einer Truhe, in der seine paar Habseligkeiten untergebracht waren.

Und doch war es genau die richtige Welt für ihn: Leipzig, diese große Welt, in die er vor einigen Wochen gekommen war. Andreas wollte nicht Gastwirt werden wie sein Vater. Er wollte sich nicht Abend für Abend die ewig gleichen Gespräche der Leute anhören, das lärmende Geschwätz der halb betrunkenen Gäste.

Viel lieber hörte er, was die Professoren zu erzählen wussten. Dafür hatte er die kleine Stadt, in der er geboren und aufgewachsen war, verlassen. Zu Fuß war er losgezogen und viele Stunden unterwegs gewesen, um endlich am Ziel seiner Träume anzukommen: in Leipzig, der berühmten Universitätsstadt.

Wie gut hatte er es hier getroffen! Schnell hatte er in einem Haus am Neumarkt diese kleine Dachkammer mieten können. Wie sehr gefiel es ihm, alles zu lernen und zu begreifen. Er wollte verstehen, was Himmel und Erde zusammenhält. Magister wollte er werden, vielleicht sogar Professor. Dafür saß er gern bis weit in die Nacht in seinem Studierstübchen und las und lernte und studierte.

Es gefiel ihm aber auch, an manchen Abenden mit seinen neuen Freunden im Wirtshaus bei einem Bier zu sitzen. Da wurden ganz andere Gespräche geführt als im Wirtshaus seines Vaters. Die Studenten, die ja von überallher nach Leipzig kamen, konnten so interessante, spannende, ungeheuerliche und seltsame Dinge aus aller Welt berichten. Die älteren Studenten wussten auch allerhand von Leipzigs Geheimnissen und Sonderbarkeiten zu erzählen. Von Gespenstern war da die Rede und von verborgenen Schätzen. Aber auch und ganz besonders von den Leipziger Mädchen, die angeblich viel hübscher waren als die Mädchen in anderen Städten und Dörfern.

Ja, sie gefielen Andreas auch, die Leipziger Mädchen. Nur war er bisher viel zu schüchtern gewesen, eins dieser holden Wesen anzusprechen oder gar für sich zu gewinnen. So oft hatte er gesehen, wie verwegen sich die älteren Studenten den Mädchen näherten, wie galant sie sie ansprachen.

„Ach“, seufzte Andreas, „vielleicht gelingt es mir ja auch eines Tages, das Herz eines Leipziger Mädchens zu erobern.“

Er beschloss, endlich mutiger zu werden und nicht nur in den Büchern zu studieren, sondern auch genau zu beobachten, wie es die anderen Burschen anstellten, eins dieser engelsgleichen Wesen für sich zu gewinnen.

Während Andreas gegen Mitternacht noch immer schlaflos im Bett lag und seinen Gedanken nachhing, öffnete sich leise die Tür zu seiner Kammer. Herein huschte eine Gestalt in wehenden weißen Kleidern und mit einer seltsamen Haube auf dem Kopf.

Andreas riss verwundert die Augen auf. Würde sich sein Wunsch, ein Leipziger Mädchen in die Arme schließen zu können, jetzt sofort erfüllen? Schneller als gedacht? Er setzte sich im Bett auf, um seine Besucherin genauer zu betrachten. Doch was er da im Mondlicht sah, ließ ihm die Haare zu Berge stehen.

Das war kein junges Mädchen. Das war ... ein Geist? Ein Gespenst? Eine alte Frau, bleich wie das Mondlicht, schwebte durch die Kammer, auf Andreas zu. Andreas fing an zu schlottern, kalter Angstschweiß trat ihm aus allen Poren. Vor Schreck war seine Kehle wie zugeschnürt, er brachte nicht mal einen Schrei heraus.

Die Alte wiegte sich in den Hüften, hin und her, als wollte sie extra für Andreas einen liebreizenden Tanz aufführen. Dazu versuchte sie zu lächeln, was ihr aber gründlich misslang. Stattdessen verzog sich ihr Gesicht zu einer grauenhaften Grimasse, die Andreas noch mehr zittern ließ. Was wollte dieses Wesen von ihm?

Stumm tanzte die Frau in der Kammer umher und winkte Andreas zu, um ihn zu sich locken. Doch weil Andreas ihren Lockungen nicht folgte, sondern noch immer starr vor Schreck im Bett saß, stürzte sie sich auf ihn. Sie packte ihn an den Handgelenken und wollte ihn aus dem Bett zerren.

Andreas aber klammerte sich an seinem schmalen Bett fest und widersetzte sich mit aller Kraft. Dennoch zog die Alte, die nicht mehr war als ein dürres Klappergestell, ihn allmählich aus seinem Bett heraus in die Höhe. Immer näher kam ihr Gesicht, mit gespitzten Lippen, als wollte sie dem jungen Mann einen Kuss geben.

Andreas schüttelte heftig den Kopf, um zu verhindern, dass sie ihn wirklich küsste. Aber er konnte nicht verhindern, dass seine Nase mehrmals von ihrer Nase gestreift wurde. Von dieser langen, spitzen, kalten, widerlichen Nase.

Da endlich schaffte es Andreas, sich aus seiner Erstarrung zu lösen. „Verschwinde, du altes Scheusal!", schrie er. Mit einem tiefen Seufzer ließ das Gespenst Andreas los und war augenblicklich verschwunden.

Tags darauf kam Andreas erst sehr spät am Abend nach Hause. Kaum hatte er sich ins Bett gelegt, öffnete sich wieder die Tür und die alte Gespensterfrau schlich sich herein. Abermals versuchte sie, Andreas aus dem Bett zu ziehen. Weil er sich auch diesmal heftig widersetzte, lockte sie ihn mit der Hand, er möge ihr folgen.

Zwar standen Andreas auch heute die Haare zu Berge, doch er war nicht mehr so furchtsam wie gestern. Schnell schluckte er seine Angst hinunter und schrie: „Verschwinde! Und nein, ich werde dir nicht folgen!" Wieder tat das Klappergestell einen tiefen Seufzer und verschwand.

Andreas lag noch lange wach und überlegte. Würde das nun Abend für Abend so weitergehen? Was sollte er mit solch einem verliebten Scheusal anfangen? Ja, wenn es eins von den hübschen Leipziger Mädchen wäre! Dann bliebe er gern die ganze lange Nacht wach. Aber was, wenn dieses Geisterweib ihn von nun an jede Nacht um den Schlaf brachte? Dann wäre er bald viel zu müde, den Vorlesungen der Professoren zuhören zu können. Er musste etwas unternehmen. Er musste diesem Spuk ein Ende setzen. Unbedingt!

Am nächsten Abend wollte Andreas nicht allein den Angriffen der verliebten Alten ausgesetzt sein. Er stellte drei Krüge Bier bereit und lud ein paar Freunde zu sich ein.

Bis tief in die Nacht saßen sie vergnügt beisammen und spielten Karten. Doch dann legte einer nach dem anderen den Kopf auf die Tischplatte und schlief ein. Und als endlich alle Freunde um die Wette schnarchten, öffnete sich die Kammertür, das Gruselweib kam herein, vollführte die üblichen verliebten Tänze und wollte Andreas umarmen.

„Raus!“, schrie Andreas.

Da seufzte das Weib noch einmal ganz jämmerlich und verschwand. Zugleich wachten die Freunde auf. Erschrocken fragten sie Andreas, warum er denn so unfreundlich zu ihnen wäre, nach solch einem vergnüglichen Abend. Nun endlich erzählte Andreas, warum er sie eingeladen hatte.

„Scherzbold!“, sagten sie und klopften ihm lachend auf die Schulter. „Oder glaubst du wirklich an Gespenster? Wahrscheinlich hast du nur schlecht geträumt.“

Sie glaubten ihm also nicht. Aber das war nun auch schon egal. Andreas hatte längst beschlossen, diese Kammer für immer zu verlassen und sich eine andere Studierstube zu suchen.

Zum Glück fand er recht bald ein geeignetes Zimmer. Sein neuer Vermieter war nicht nur ein freundlicher Mann, sondern auch noch Vater dreier Töchter, von denen eine hübscher war als die andere. Und alle drei begrüßten Andreas mit ihrem allerliebsten Lächeln, als er mit Sack und Pack in seine neue Studierstube Einzug hielt.

Studenten in großer Zahl strömten nach Leipzig, an eine der ältesten Universitäten Europas, 1409 gegründet. Sie alle brauchten ein Zimmer oder ein Dachstübchen. Der Student Andreas in der Geschichte „Das verliebte Gespenst“ hat am Neumarkt gewohnt. Wir wissen aber nicht, in welchem Haus. Vielleicht in der „Großen Feuerkugel“, Neumarkt 3.

Dieses Haus gibt es nicht mehr. Nur eine Gedenktafel erinnert daran, dass hier drei Jahre lang der Student Johann Wolfgang Goethe wohnte. Vermutlich ist Goethe das verliebte Gespenst nicht begegnet, sonst hätte er ganz gewiss später ein Gedicht oder ein Theaterstück darüber geschrieben. Aber er verliebte sich in Käthchen Schönkopf – seine erste große Liebe.

Der junge Goethe schreitet noch heute selbstbewusst durch Leipzig – als Denkmal auf dem Naschmarkt. Käthchen ist auf dem Sockel abgebildet, ebenso Friederike Oeser, eine gute Freundin Goethes.

Ort: Goethe-Denkmal, Naschmarkt

Ein magisches Buch und ein schreckliches Donnerwetter

An einem schönen Sommertag wanderten sieben Studenten zum Stadttor hinaus, der Sonne entgegen, Richtung Connewitzer Wald. Die ganze Woche hatten sie in ihren Studierstuben gesessen, tief über ihre Lehrbücher gebeugt. Nun war es höchste Zeit für frische Luft und Vogelgezwitscher.

„Lasst uns den Sonntag genießen, ohne auch nur einziges Mal an unsere Bücher zu denken. Das Wetter passt ganz wunderbar. Wer weiß, wie lange wir uns an solch einem strahlend blauen Himmel erfreuen können", sagte einer der jungen Burschen. „Keine Bange! Die Sonne wird uns heute den ganzen Tag begleiten. Ganz gewiss! Oder siehst du irgendwo auch nur ein einziges Wölkchen?", entgegnete ein anderer.

Und so lobten auch der dritte, der vierte, der fünfte und der sechste Student diesen schönen Tag. Nur der Siebente im Bunde, Goswin war sein Name, schwieg still. Er dachte bei sich: „Wartet ab, Freunde! Das Wetter muss nicht so bleiben. Mit ein paar Zaubersprüchen und Beschwörungen werden wir es zwingen, sich zu ändern."

Bei diesen Gedanken schlug er unauffällig mit der flachen Hand gegen seine Tasche, in der ein altes und sehr besonderes Buch steckte: ein Höllenzwang. Dieses Buch hatte er beim Gehilfen eines Professors entdeckt und heimlich entwendet. Und dieses höchst seltene und kostbare Zauberbuch hatte es in sich: Wenn man den Anweisungen folgte, die in einer geheimnisvollen Sprache geschrieben waren, so konnte man Geister herbeilocken und sie sich dienstbar machen. Ja, sogar den Teufel höchstpersönlich konnte man herbeirufen und ihm befehlen, auch noch die ungewöhnlichsten Wünsche zu erfüllen.

Nachdem die sieben Studenten schon eine Weile unterwegs waren, ließen sie sich auf einer Waldwiese für eine kurze Rast nieder. Da sprach Goswin zu den anderen: „Ich möchte zu gern einmal probieren, ein anderes Wetter herbeizuzaubern. Und ihr sollt mir dabei helfen."

Die anderen jungen Burschen schauten ihn verständnislos an und schüttelten die Köpfe. Was wollte er? Das Wetter ändern? Wozu das denn? Wo es doch heute so schön war! Sie redeten alle durcheinander auf Goswin ein, dass sie sich kein anderes Wetter als genau dieses wünschen würden.

Doch Goswin gab so schnell nicht auf. Er zog das Zauberbuch aus der Tasche und erklärte seinen Freunden: „Eine kleine Zauberei nur! Ich will doch bloß wissen, wozu wir Menschen fähig sind. Können wir Herren über das Wetter werden? Wenn wir das schaffen, dann können wir alles schaffen!"

Seine Augen glühten vor Begeisterung und wilder Unternehmungslust, während die anderen erschrocken zurückwichen, als sie das Buch erblickten.

„Ein Höllenzwang", flüsterte einer. „Du weißt schon, dass mit dem Teufel nicht zu spaßen ist? Woher hast du dieses gefährliche Buch?"

„Vom Gehilfen eines Professors, der die geheimen Künste der Magie beherrscht. Ich habe es mir ausgeborgt. Nur für heute, für einen kleinen Versuch."

Goswin schaute in die noch immer angstbleichen Gesichter seiner Freunde und begriff: Er musste sich noch mehr ins Zeug legen, wenn er sie für das Experiment gewinnen wollte. Er musste es schaffen, ihre Neugier zu wecken. Darum redete er weiter auf sie ein: „Wir sind nach Leipzig gekommen, um alles zu lernen, alles zu verstehen, alles zu wissen. In dicken Büchern studieren wir unentwegt alles Mögliche. Lasst uns wenigstens ein einziges Mal das scheinbar Unmögliche studieren. Kann doch sein, dass dieses Buch überhaupt nichts taugt. Wie wollen wir das herausfinden, wenn wir es nicht ausprobieren?"

Die Studenten diskutierten noch eine Weile hin und her, ob sie nicht doch lieber die Finger von diesem gewagten Experiment lassen sollten. Aber schließlich siegte die Neugier, und allmählich verloren sie ihre Scheu vor dem Buch. Jeder wollte es nun einmal in die Hand nehmen und darin blättern, wollte versuchen, die rätselhafte, nahezu unverständliche Sprache zu entziffern. Bis schließlich einer nach dem anderen erklärte: „Einverstanden. Ich bin dabei."

Goswin nahm das Buch zurück und teilte seine Freunde für die notwendigen Aufgaben ein. „Du", sagte er zum Ersten, „wirst einen Zauberkreis ziehen, wie er hier im Buch zu sehen ist. Du", wandte er sich an den Zweiten, „hebst eine kleine Grube aus." Der Dritte sollte Wasser aus der Pleiße holen und in die Grube füllen. Der Vierte sollte das Wasser in der Grube umrühren. Der Fünfte sollte Zauberzeichen in den Erdboden ritzen. Und schließlich sollte der Sechste das Buch nehmen, im Zauberkreis umhergehen und die Zaubersprüche aufsagen.

„Und was machst du?", wurde Goswin gefragt. „Wir sind bereit, gefährliche Dinge zu tun. Und du? Schaust du nur zu?"

„Ja", entgegnete Goswin lachend. „Einer muss ja aufpassen, ob ihr alles richtig macht. Wir wollen ja nicht, dass die Sache aus dem Ruder läuft."

Nur kurz murrten einige leise, dann zog der Erste den Zauberkreis. Und auch alle anderen bereiteten die Beschwörung des Wetters vor. Bis schließlich der Sechste langsam im Kreis umherschritt, Runde um Runde. Unentwegt las er die Worte vor, die im Buch standen, auch wenn er sie nicht kannte und ihren Sinn nicht verstand. Und während er mit jeder Runde lauter und lauter die Zaubersprüche in den Himmel rief, dachte Goswin: „Merkwürdig, warum passiert nichts? Sind es die falschen Worte? Ist eins der Zauberzeichen nicht an der richtigen Stelle?"

In diesem Augenblick erfüllte ein unheimliches Sausen und Brausen die Luft, ein Wind schoss aus dem Buch heraus, fuhr um die Studenten herum,

kroch in ihre Gewänder und ließ die Hemden und Hosen heftig flattern. Am Himmel zogen mächtige schwarze Wolken auf, sie stürmten aus allen Himmelsrichtungen heran, brodelten und quollen auf und ballten sich direkt über den Köpfen der sieben jungen Männer zu einer gigantisch großen Gewitterwolke. Sogleich prasselten riesige Regentropfen und Hagelkörner herab, Blitze zuckten vom Himmel und schlugen ringsum ein. Zwar hatten die ängstlich zitternden Studenten Glück im Unglück, der Zauberkreis schien sie vor den Blitzen zu schützen. Aber die Hagelkörner trafen sie umso heftiger.

Da fielen die sieben vorwitzigen Wettermacher auf die Knie, erhoben die Hände und flehten Gott und den Himmel an, ihnen doch bitte ihren jugendlichen Übermut zu verzeihen. Sie gelobten, sich nie, nie wieder an solch teuflischen Experimenten zu versuchen. Und sie wollten in alle Zukunft alle Menschen davor warnen, dem lieben Gott ins Handwerk zu pfuschen.

Während sie so vereint baten und beteten und flehten, verzogen sich die düsteren Wolken, als hätte es sie nie gegeben. Der Wind kroch mit einem letzten Fauchen in das Zauberbuch zurück, und bald erstrahlte der Himmel wieder im schönsten Blau.

Wie froh waren die Studenten, dass dieses Abenteuer mit heiler Haut überstanden war, abgesehen von ein paar Schrammen, die die Hagelkörner ihnen verpasst hatten. Und damit nie wieder jemand versuchen konnte, teuflische Experimente mithilfe dieses Buches zu wagen, beschlossen sie, es zu vernichten.

„Am besten, wir versenken es in der Pleiße", meinte einer. „Und damit es garantiert schnell untergeht und verdirbt, schlagen wir es auf und binden schwere Steine an alle vier Ecken." Gesagt, getan. Und so brachten die sieben Studenten diesen Sonntag doch noch zu einem guten Ende. Die Lektion, die sie dabei gelernt hatten, vergaßen sie ihr ganzes Leben nicht mehr.

Wer sich vom vielen Lernen erholen möchte, kann – wie die Studenten in der Geschichte – einen Ausflug ins Connewitzer Holz unternehmen. Wer Glück hat, entdeckt dort Kernbeißer, Eisvögel, Störche und allerlei andere Tiere. Und wer noch mehr Tiere entdecken möchte, kann den Wildpark im Connewitzer Holz besuchen. Während im Leipziger Zoo vorrangig exotische Tiere leben, trifft man im Wildpark auf einheimische Tiere: Rehe, Hirsche, Wildschweine, Luchse, Wisente, Elche. Und auf Tiere, die inzwischen hier heimisch geworden sind, wie Mufflons und Waschbären.

Die vergangenen Jahre waren auch für den Connewitzer Wald, der früher regelmäßig überschwemmt wurde, viel zu trocken. Vielleicht wäre da so ein Zauberbuch, mit dem sich kräftige Regengüsse herbeirufen lassen, eine feine Sache. Wie schade, dass die Studenten das Buch in den Fluss geworfen haben.

Ort: Wildpark Leipzig, Koburger Straße 12a

Die Nixe auf dem Markt

Konrad und Matthes schlenderten über den Markt. Konrad stöhnte: „Wie langweilig! Gemüse, Gemüse, Gemüse, wohin man auch schaut. Nichts, was man heimlich stibitzen möchte. Und ewig die gleichen Leute, die hier stehen und verkaufen. Wie viel aufregender ist das Leben und Treiben zur Messe! Die vielen fremden Leute in der Stadt! Die Musiker, die Gaukler, die die Straßen bevölkern!"

„Und die erstaunlichen Tiere, die gezeigt und vorgeführt werden", ergänzte Matthes. „Aber mach deine Augen auf, Konrad! Ich sehe etwas, was man nicht alle Tage zu sehen bekommt."

Konrad schaute sich um, konnte aber nichts entdecken, was irgendwie ungewöhnlich, abenteuerlich oder seltsam wäre. Also forderte er seinen Freund auf: „Zeig mir, was du so besonders findest."

„Da!", sagte Matthes und wies unauffällig auf eine Frau, die gerade an einem Stand ihren Korb mit allerlei Gemüse und Küchenkräutern füllte.

„Willst du mich zum Narren halten? Zeigst mir eine ganz gewöhnliche Leipziger Hausfrau! Oder eine Magd, die Gemüse einkauft, um ihren Herrschaften das Mittagessen zu kochen. Was soll das? Kleine Tracht Prügel gefällig, mein Freund?", erboste sich Konrad.

„Das ist keine normale Frau", flüsterte Matthes. „Das ist eine Nixe."

Konrad lachte laut auf, doch Matthes presste ihm schnell eine Hand auf den Mund und zischte: „Leise! Sie darf nicht merken, dass du dich über sie lustig machst. Das könnte sehr gefährlich für dich werden. Ich weiß, du glaubst nicht daran, dass es Nixen gibt. Aber wenn du es hören willst, erzähle ich dir alles, was ich über sie weiß."

Konrad riss sich die Hand seines Freundes vom Mund und flüsterte: „Na, auf deine Märchen bin ich ja mal gespannt. Erzähl sie mir. Aber nebenbei verfolgen wir die Frau, und du wirst sehen: Sie wohnt in einem ganz normalen Haus. Wieso kommst du überhaupt auf die Idee, sie sei eine Nixe?"

„Schau dir ihren Rock an", sagte Matthes. „Er ist unten zwei Handbreit nass. Daran kannst du eine Nixe erkennen."

„So, so. Und wenn sie einfach nur in eine kleine Pfütze geraten ist?", meinte Konrad.

„Pfütze?", spottete Matthes. „Es hat seit Tagen nicht geregnet. Komm, wir folgen ihr heimlich, und unterwegs erzähle ich dir von den Leipziger Nixen und Wasserleuten."

Konrad war einverstanden. Und so hörte er sich an, was sein Freund zu berichten wusste: „Leipzig mit seinen vielen Flüssen, Wasserarmen und Mühlgräben ist ein idealer Ort für Wassermänner und Nixen. Sie wohnen unter Wasser, in gläsernen Häusern und Palästen. Der Wassermann kann seine Gestalt wechseln. Mal erscheint er als freundlicher Knabe mit hell funkelnden Augen, grünem Haar und grünen Zähnen. Mal gleicht er einem Mann mit einem alten, tückischen Gesicht und mit Krallen an den Händen.

Bei Mondschein tanzen die Wasserleute gern an den Ufern der Flüsse. Wenn die Nixen ihre feinen Kleider waschen, hängen sie sie in die Zweige der Bäume zum Trocknen. Einmal in der Woche gehen sie auf den Markt, wo sie alles kaufen, was sie für ihren Haushalt brauchen. Allerdings muss man sich vor ihnen in Acht nehmen. In der Pleiße, in der Elster und in der Parthe fordert der Wassermann jedes Jahr ein Menschenopfer. Meistens unvorsichtige Leute, die nicht aufpassen, ins Wasser rutschen und ertrinken. Die Seelen dieser Menschen sammelt er in seltsam geformten Flaschen."

Als Matthes fertig war mit Erzählen, grinste Konrad und meinte: „Schöne Märchen! Erzähl mir demnächst mehr davon." Doch schon im nächsten Augenblick verging ihm das spöttische Grinsen.

Die Frau, der sie heimlich gefolgt waren, hatte gerade das Flussufer erreicht. Sie stellte ihren Korb ab und schlug mit einer Gerte dreimal auf das Wasser. Da öffneten sich die Wellen, eine Treppe erschien. Die Frau raffte ihren Rock und eilte die Stufen hinab. Und als sich das Wasser über ihr wieder schloss, war im selben Moment auch der Korb verschwunden.

Die beiden Jungen rieben sich die Augen, Konrad mit ungläubigem Staunen im Blick, Matthes mit einem leisen Schmunzeln. Und während sie noch ganz gefangen genommen waren von diesem ungewöhnlichen Erlebnis, zuckte Konrad zusammen. Als hätte ihn ein Blitz getroffen. Alle Farbe wich aus seinem Gesicht, schreckensbleich und zitternd stand er neben seinem Freund.

„Was ist?", fragte Matthes. „Du hast doch nicht etwa ein Gespenst gesehen? Keine Bange, ein Gespenst war das nicht. Nur eine Nixe. Und die tut dir nichts, wenn du sie nicht verspottest und ihr nicht zu nahe kommst."

Da zitterte Konrad noch mehr und flüsterte: „Hörst du das nicht? Ihre Stimme! Sie ruft nach mir: ‚Komm, Konrad, komm! Ich warte schon so lange auf dich! Wo bleibst du denn? Komm, komm, komm!' "

Wie von einer unsichtbaren Macht gezogen, näherte sich Konrad dem Fluss, langsam, Schritt für Schritt. Da sprang Matthes zu seinem Freund, schlang die Arme fest um ihn und schrie: „Geh nicht weiter! Ich habe dir doch erzählt, dass die Wassermänner und Nixen jedes Jahr einen Menschen zu sich holen. Ich will nicht, dass du das bist."

Mit aller Kraft hielt Matthes seinen Freund fest, der noch immer zum Fluss gezogen wurde.

Erst als die Glocken rings in den Kirchen zur vollen Stunde läuteten, schien der Bann von Konrad abzufallen. Ohnmächtig sank er zu Boden. Matthes setzte sich neben ihn, doch hütete er sich davor, Konrad mit einem Schwall Wasser aus dem nahen Fluss aus der Ohnmacht aufzuwecken. Wer weiß, wie viel Zauberkraft noch in dem Wasser steckte, das nur darauf wartete, sich seinen Freund doch noch auf heimtückische Weise zu holen.

Nach einer bangen Stunde wachte Konrad auf, fieberheiß und mit klappernden Zähnen. Matthes zog sich einen Arm seines Freundes über die Schulter und schleppte ihn nach Hause. Dort fiel Konrad ins Bett, schlief sieben Tage lang und schreckte nur gelegentlich auf, wenn er meinte, wieder die Nixe und ihr „Komm, komm, Konrad, komm!“ zu hören.

Zum Glück wurde er wieder gesund. Aber nie wieder äußerte er auch nur den leisesten Zweifel daran, dass in den Leipziger Flüssen tatsächlich Wassergeister ihr Zuhause haben.

Der Marktplatz mit dem Alten Rathaus ist schon seit Jahrhunderten der Mittelpunkt Leipzigs. Auf Wochenmärkten wurden dort Lebensmittel verkauft, geliefert von den Bauern aus den umliegenden Dörfern.

Da aber Leipzig so günstig am Knotenpunkt zweier Handelswege lag, konnten die Leipziger auch Waren aus weit entfernten Gegenden erwerben – vor allem während der Leipziger Messe, die dreimal im Jahr stattfand. Da kamen Händler aus ganz Europa nach Leipzig, die Gasthäuser platzten aus allen Nähten. Die Straßen waren angefüllt mit Musik. Seiltänzer, Bärenführer und Artisten sorgten für Unterhaltung. Eine besondere Attraktion waren die Tierbuden, in denen exotische Tiere gezeigt wurden: Löwen, Tiger, Giraffen, Nashorn, Känguru, Dromedar, Lama, Eisbär, Wölfe, Papageien, Riesenschlangen. Und ein junger Elefant, der Drehorgel spielte.

Eine Nixe, halb Mensch und halb Fisch, war nicht dabei.

Ort: Marktplatz am alten Rathaus

Der Lohn des Wassermanns

An einem Nachmittag voller Sonnenschein und Frühlingsdüften ging die vornehme Frau von Hahn spazieren, durch das Ranstädter Tor hinaus aus der Stadt und immer weiter ins Grüne. Da eilte eine junge Magd auf sie zu, winkte schon von Weitem und rief: „Gnädige Frau, wir brauchen Eure Hilfe! Bitte kommt schnell! Meine Herrin liegt in großen Schmerzen, sie erwartet ihr erstes Kind. Sie quält sich so sehr, schon seit zwei Tagen. Aber sie schafft es nicht, das Kind zur Welt zu bringen."

Ohne lange zu überlegen, raffte Frau von Hahn ihre Röcke und lief der Magd hinterher, durch hohes Gras und Gestrüpp. Bald hörte sie das Wasser der Weißen Elster rauschen, heftiger und ungestümer als sonst. Und in das Rauschen und Tosen des Flusses mischten sich Klagelaute, ein Stöhnen, Jammern und Wimmern.

Die junge Magd blieb am Ufer des Flusses stehen. Sie zeigte mitten in die Fluten und sagte: „Dort unten wohnt meine Herrin." Frau von Hahn erschrak. Ängstlich wich sie zwei Schritte zurück, weg von dem gefährlich brodelnden Wasser. Sollte sie etwa einer Nixe bei der Geburt ihres Kindes helfen? Wie sollte das gehen? Sie konnte doch unter Wasser nicht atmen, sie würde sofort ertrinken! Und wer weiß, ob sie überhaupt noch helfen konnte. Vielleicht war es dafür längst zu spät? Vielleicht würde die arme Nixe sterben und mit ihr das ungeborene Kind. Dann würde der Wassermann ihr die Schuld geben und ihr ganz gewiss den Hals umdrehen.

Während Frau von Hahn noch mit sich rang, was sie tun sollte, drangen erneut die Wehklagen der Nixe aus dem Wasser herauf. Und die Magd schaute so verzweifelt, so flehend. Da nahm Frau von Hahn all ihren Mut zusammen und beschloss, das Beste für Mutter und Kind zu versuchen. Stumm nickte sie der Magd zu. Die nahm eine Gerte und schlug damit dreimal auf die wild schäumenden Wellen. Sogleich beruhigte sich der Fluss und öffnete sich, das Wasser wich nach links und nach rechts zur Seite. Dazwischen führte eine gläserne Treppe in die Tiefe.

Frau von Hahn folgte der Magd bis hinab auf den Grund des Flusses. Dort stand ein prächtiger Palast, ganz aus Glas und Kristall gebaut. Die beiden eilten durch die Stuben und Säle und betraten endlich das Schlafgemach. Für einen kurzen Moment war Frau von Hahn überwältigt vom Glanz und Reichtum ringsum. Die Wände, das Bett, die Truhen waren geschmückt mit Muscheln, die in geheimnisvollen Farben schillerten. Zu gern hätte Frau von Hahn diese Pracht in aller Ruhe bestaunt. Doch da drang wieder das klägliche Wimmern an ihr Ohr und in ihr Herz.

Frau von Hahn trat ans Bett der Nixe. Die lag zwischen seidigen Kissen, so jung und so schön. Ihr langes Haar, das zugleich grün und golden glänzte, umfloss in weichen Wellen ihr Gesicht. Doch das war bleich vor Angst und Schmerzen. Frau von Hahn sprach beruhigend auf die junge Frau ein. Aber es dauerte noch einige Stunden, bis das Kindlein endlich geboren war. Ein kleiner Nix, gesund und munter. Frau von Hahn badete den Kleinen, wickelte ihn in Windeltücher und legte ihn in eine Wiege, die allerliebst geschmückt war mit Perlmuscheln und kleinen Seeschnecken.

Froh und erleichtert, dass alles gut überstanden war, wollte Frau von Hahn so schnell wie möglich das Reich des Wassermanns wieder verlassen. Sie wandte sich an die junge Mutter und sprach: „Nun braucht Ihr meine Hilfe wohl nicht mehr. Ich will nach Hause eilen, gewiss macht man sich dort schon Sorgen, wo ich denn so lange abgeblieben bin."

Da trat der Wassermann auf Frau von Hahn zu und sagte: „Bevor Ihr geht, sollt Ihr Euren wohlverdienten Lohn bekommen." Er hielt ihr einen Kübel voller Asche entgegen und forderte sie auf: „Langt nur tüchtig zu! Nehmt Euch, so viel Ihr begehrt."

Frau von Hahn aber entgegnete: „Besten Dank! Ich habe gern geholfen. Einen Lohn begehre ich nicht."

Der Wassermann verzog grimmig das Gesicht und knurrte: „Diese Antwort war Euer Glück. Sonst hätte ich Euch den Hals umdrehen müssen."

Frau von Hahn, die die vergangenen Stunden tapfer an der Seite der Nixe zugebracht hatte, wurde es ganz unheimlich zumute. Sie stürzte aus dem Schlafgemach, durchquerte die prächtigen Stuben und Säle und wollte so schnell wie möglich hinauf ans Tageslicht, zurück in ihre Welt. Die junge Magd begleitete sie, führte sie die Treppe hinauf, bis ans Ufer der Weißen Elster. Dort stand Frau von Hahn nun und stellte erstaunt fest, dass ihre Kleider nicht von einem einzigen Tropfen Wasser durchnässt waren.

Die junge Magd bedankte sich noch einmal für die Hilfe. Sie zog drei Goldstücke aus der Rocktasche, reichte sie Frau von Hahn und sprach: „Das ist nun wirklich Euer Lohn. Verwahrt diesen Schatz gut. Solange er im Besitz Eurer Familie bleibt, wird es Euch an nichts fehlen. Ihr werdet in Hülle und Fülle alles haben, was Euer Herz begehrt. Wenn Ihr aber die Goldstücke ausgebt oder wenn sie verloren gehen, wird Eure Familie in große Armut stürzen."

Frau von Hahn hielt sich an diesen Rat, Jahr um Jahr. Und als sie spürte, dass es mit ihrem Leben zu Ende ging, rief sie ihre drei Söhne zu sich. Sie gab jedem eins der Goldstücke und ermahnte die Söhne, diesen Schatz in Ehren zu halten und niemals auszugeben.

Der Schatz wurde weiter und immer weiter vererbt, und so brachte die mutige Tat der Frau von Hahn über Jahrhunderte ihren Kindern, Enkeln und Urenkeln Glück.

Frau von Hahns Ausflug in das ungewöhnliche Abenteuer begann am Ranstädter Tor, das war eins der vier Leipziger Stadttore. Es gab noch das Grimmaische Tor, das Peterstor und das Hallische Tor.

Die Tore waren Teil der Stadtmauer und dienten dem Schutz der Stadt. Wer die Stadt verlassen oder in die Stadt hineingelangen wollte, musste eins der Tore passieren.

Kamen Kaufleute mit Fuhrwerken voller Waren in die Stadt, wurden sie hier kontrolliert, damit sie ausreichend Zoll zahlten. Reisende wurden auf einem Zettel notiert und mussten einen Torgroschen bezahlen.

Keins der vier Stadttore steht heute noch. Aber alle vier kann man noch besichtigen: im historischen Stadtmodell von 1822, zu finden im Stadtgeschichtlichen Museum Altes Rathaus.

Ort: Stadtgeschichtliches Museum Leipzig, Altes Rathaus, Markt 1

Ein ganz besonderer Schatz

Leonhard wuchs als Bauernjunge in Reudnitz auf, einem Dorf außerhalb von Leipzigs Stadtmauern. Von klein auf war er daran gewöhnt, seinem Vater im Garten und auf dem Feld zu helfen. Was dort geerntet wurde, ernährte aber nicht nur die eigene große Familie. Reudnitz war für die Leipziger ein wichtiges Küchendorf. Was die Leipziger Hausfrauen, Küchenmägde und Gastwirte für ihre Suppentöpfe brauchten, konnte in der Enge der Stadt nicht angebaut werden. Das verkauften ihnen die Bauern aus den umliegenden Dörfern erntefrisch auf dem Markt.

Wenn Leonhard die Mutter oder den Vater zum Markt begleiten durfte, war das beinahe wie ein Festtag für ihn. Und noch schöner wurde so ein Tag, wenn am Stand nebenan eine andere Reudnitzer Familie ihr Gemüse verkaufte und deren Tochter Friederike dabei half.

Leonhard und Friederike mochten sich schon seit Kindertagen. Wenn mal nicht so viel los gewesen war auf dem Markt, dann hatten die beiden Fangen oder Verstecken gespielt, rund um alle anderen Stände und Karren und Buden. Ihr Lachen, wenn sie einander erwischten, flatterte über den ganzen Marktplatz, bis sie wieder am Stand zupacken mussten.

Friederike wurde von Jahr zu Jahr hübscher, fand Leonhard. Und inzwischen waren die beiden wohl zu alt, um wie kleine Kinder Fangen zu spielen. Dabei hätte sich Leonhard zu gern wie in längst vergangenen Tage Friederike geschnappt, hätte seine Arme fest um sie geschlungen und gerufen: „Hab dich!“ Doch das traute er sich nicht mehr. Selbst wenn er nur daran dachte, wurde er vor Verlegenheit rot bis in die Ohrenspitzen.

Stattdessen schaute er sehnsüchtig zum Stand hinüber, an dem Friederike Obst und Gemüse verkaufte. Wie es schien, kauften die Leipziger Frauen

und Mägde bei ihr besonders gern ein, weil es zu jedem Kauf ein strahlendes Lächeln gratis gab. Und dieses Lächeln lockte auch viele junge Männer an. Studenten und Handwerksburschen, sogar vornehme Herren traten an ihren Stand heran. Die meisten von ihnen kauften nichts. Sie plauderten nur eine Weile mit Friederike, bis sie dem Mädchen endlich ein Lächeln entlockt hatten.

Ach, wenn Friederike doch ihm, Leonhard, all dieses Lächeln schenken würde! Am liebsten hätte er alle jungen Männer fortgeschickt und ihnen gesagt, Friederike sei sein Mädchen. Aber ob sie sich wohl mit ihm zufriedengeben würde? Wo sie doch an jedem Markttag umlagert war von jungen Studenten und eleganten Herren, die ihr ganz gewiss ein besseres Leben bieten konnten als er, der doch nur ein armer Schlucker war. Ein Bauernjunge, der genau wusste, dass in manchen Jahren die Ernte schlecht war. Wie schnell hatten Hagel oder heftiger Gewitterregen oder lange Trockenheit einen Teil der Ernte vernichtet. Dann gab es viel zu wenig für den eigenen Suppentopf. Und kaum noch etwas, das auf dem Markt verkauft werden konnte.

Freilich, zum Heiraten waren beide noch zu jung, aber Leonhard wollte wenigstens davon träumen. Und so träumte er auch davon, mit Friederike gemeinsam in einem schönen, großen Haus zu leben. Mit Platz für viele Kinder. Mit genügend Tieren im Stall. Und vielleicht auch mit einer eigenen Kutsche, mit der sie sonntags spazieren fahren konnten. Ach, wenn er doch das nötige Geld dafür hätte!

Da träumte er eines Nachts von einem Schatz, der ganz in der Nähe vergraben lag. Unter einem Baum gleich neben der kleinen Reudnitzer Kapelle. Als er aufwachte, seufzte er und dachte bei sich: „Ach, wie schön wäre es, wirklich einen Schatz zu finden. Aber leider war es nur ein Traum."

Doch auch in der nächsten und übernächsten Nacht träumte Leonhard den gleichen Traum. Wieder lockte eine geheimnisvolle Stimme, er solle aus dem Bett steigen, zur Kapelle gehen und unter jenem Baum graben.

„Was soll's, ich werde es in der nächsten Nacht probieren“, sprach Leonhard zu sich selbst. „Was habe ich schon zu verlieren? Aber was hätte ich zu gewinnen!“

Und so schlich er sich in der nächsten Nacht zu der kleinen Kapelle, mit der Laterne in einer Hand und mit dem Spaten in der anderen. Er suchte und fand den Baum, stellte die Laterne ab und begann zu graben. Bald stieß er auf einen verschlossenen Topf. Als er mit einiger Mühe den Deckel geöffnet hatte, funkelten ihm im Mondschein goldene, silberne und kupferne Münzen entgegen.

Während er den Schatz vorsichtig aus der Erde heraushob, hörte er ein Geräusch. Er drehte sich um und sah in der Tür der Kapelle eine weiße Frau stehen. Die fragte ihn: „Was machst du da?"

Und Leonhard, den die geisterhafte Stimme der Frau erstarren ließ, stotterte: „Nichts, gar nichts."

Im selben Augenblick waren die Frau und der Schatz verschwunden. „Nichts, gar nichts", murmelte Leonhard noch einmal und trottete tieftraurig nach Hause.

Am nächsten Tag war wieder Markt. Leonhard schlich mit aschgrauer Miene umher, als könnte er nie, nie wieder im Leben glücklich sein. Er versuchte gar nicht erst, ein Lächeln von Friederike einzufangen.

Die kam herüber zu ihm und fragte: „Was ist los mit dir?"

„Nichts, gar nichts", knurrte Leonhard.

Friederike wollte ihn necken und sagte: „Du schaust aus, als hättest du ein Gespenst gesehen."

Da holte Leonhard tief Luft und erzählte Friederike von diesem seltsamen Traum und von seinem Erlebnis in der vergangenen Nacht. Und davon, wie sehr er sich gewünscht hatte, ihr ein schönes Leben bieten zu können. Und dass nun wohl alles aus und verloren sei.

Friederike griff nach Leonhards Händen und sagte: „Nichts, gar nichts ist verloren, du lieber, dummer Leonhard. Wir Bauersleute sind und bleiben doch immer Schatzgräber. Wir graben unsere Beete und Felder um und lassen darauf wahre Schätze wachsen. Kann man denn von goldenen Talern satt werden? Die Leute in Leipzig brauchen unser gutes Gemüse. Wie sollten sie sonst das beliebte Leipziger Allerlei kochen?"

„Aber …“, warf Leonhard ein, doch Friederike unterbrach ihn: „Nichts, gar nichts aber! Du bist fleißig, ich bin fleißig, gemeinsam können wir viel schaffen.“

„Hast du gerade *gemeinsam* gesagt?“, stotterte Leonhard.

„Aber gewiss doch, du lieber, lieber Leonhard“, entgegnete Friederike, stellte sich auf die Zehen und gab Leonhard einen Kuss auf die Nasenspitze. Da schlang er ganz schnell seine Arme um sie und flüsterte ihr ins Ohr: „Hab dich!“

In den Dörfern Anger, Crottendorf, Reudnitz und Sellerhausen gab es fruchtbares Gartenland, auf dem die Bauern Gemüse, Küchenkräuter und Kohl anbauten. Deshalb bekam die Gegend den Namen „Kohlgärten“, die Kohlgartenstraße erinnert daran. Ihre Ernte verkauften die Bauern auf dem Markt. Das Gemüse wurde gebraucht für das „Leipziger Allerlei“ – ein Gericht mit allem, was in der Umgebung zu finden war: frisches Gemüse vom Feld, Flusskrebse aus der Pleiße und Morcheln aus dem Wald, ergänzt mit Semmelklößchen.

Manche meinen, das sei ursprünglich ein Arme-Leute-Essen gewesen, andere sehen es als Festessen mit liebevoll zubereitetem Gemüse (Spargel, Bohnen, Erbsen, Möhren, Blumenkohl). Ein Besuch des Wochenmarktes lohnt sich noch heute, auch wenn man wohl keine Flusskrebse aus der Pleiße bekommen wird, dafür aber eine Vielzahl regionaler Erzeugnisse und anderer Köstlichkeiten.

Ort: Marktplatz, Markt

Der Glanz des Goldes und der Klang des Glöckchens

Viel wurde erzählt von verborgenen Schätzen. Vor allem die Ärmsten der Armen träumten davon, einmal einen Schatz zu finden, denn damit wäre ihre Not ein für alle Mal vorbei. Und so erzählten sie einander von Gold und anderen Reichtümern, die in der Tiefe der Erde verborgen liegen und nur darauf warten, eines Tages gehoben zu werden. Oder eines Nachts.

Es war so eine Nacht, da schlummerte der Tagelöhner Wenzel friedlich in seinem Bett. Er schlug sich mehr schlecht als recht durchs Leben, arbeitete mal hier, mal dort, wo gerade eine helfende Hand gebraucht wurde. Viel verdiente er nicht, aber er war nicht unglücklich. Er nahm sein Schicksal hin und wäre bis ans Ende seines Lebens bescheiden und dankbar mit dem ausgekommen, was er mit seiner Hände Arbeit verdiente.

Doch in dieser Nacht trat ein Geist an Wenzels Bett, rüttelte ihn aus dem Schlaf und sprach: „Folge mir! Ich will dir zu großem Reichtum verhelfen!"

Wenzel, der noch die schwere Arbeit des Tages in seinen müden Knochen spürte, wäre am liebsten im Bett liegen geblieben. Aber andererseits – was hatte er zu verlieren? Wenn der Geist ihm wirklich einen Schatz zeigen konnte, wäre das eine feine Sache.

Wenzel sprang aus dem Bett, stieg in seine Hose, warf sich seine Joppe über und folgte dem Geist. Der schwebte vor ihm her und erhellte mit seiner mondlichten Gestalt den Weg durch die stockfinsteren Gassen. Sie begegneten keiner Menschenseele, nur eine Katze schlich sich mit einem ängstlichen Maunzen zur Seite.

Der Geist führte Wenzel aus der Stadt hinaus, den Gewinneberg hinauf. Wenzel hatte schon öfter munkeln gehört, dass dort große Reichtümer vergraben lägen. Dort, wo einst die Burg Wyn gestanden hatte, sollte sich alle hundert Jahre ein Schatz von allein aus der Erde heben. Ob diese hundert Jahre gerade um waren?, überlegte Wenzel. Da sah er oben auf dem Berg ein Feuer lodern, in einer kleinen Grube. Und als sie näher kamen, entdeckte er mitten im Feuer einen Kessel, randvoll mit Goldstücken.

„Fürchte dich nicht", sprach der Geist zu Wenzel. „Geh nur beherzt auf das Feuer zu und hebe den Schatz heraus. Das Feuer wird dir nichts zuleide tun. Dir ist der Schatz beschieden. Trage ihn getrost nach Hause. Aber sieh zu, dass du nichts davon verschüttest. Sonst zerspringt der Kessel und alles ist verloren."

Wenzel fürchtete sich dennoch vor dem Feuer. Aber seine Füße liefen wie von selbst darauf zu, seine Arme tauchten mitten in das Feuer. Da spürte er, dass es kalte Flammen waren, die ihm nichts anhaben konnten. Also beugte er sich tiefer hinab und hob aus der Mitte der Flammen den Kessel heraus.

Groß war er, schwer war er. Da hieß es wirklich aufpassen, dass auch nicht eine Münze über den Rand rollte.

Wenzel wusste, dass er kein einziges Wort sagen durfte, denn dann wäre es augenblicklich vorbei mit dem schönen Schatz. Also verneigte er sich dankbar und wollte schon den Heimweg antreten.

Doch der Geist hielt ihn zurück, hängte ihm eine kleine Glocke um den Hals und sprach: „Dieses Glöckchen soll dich ermahnen, mit dem Schatz nur gute Werke zu tun. Jedes Mal, wenn es läutet, soll es dich daran erinnern. Oder daran, schnellstens von einem bösen Gedanken abzulassen. Sieh mich als warnendes Beispiel! Vor über hundert Jahren habe ich diesen Schatz gehoben und habe ihn mit vollen Händen ausgegeben, nur zum eigenen Vergnügen. Das Läuten des Glöckchens habe ich nicht beachtet. Ich war

reich und freute mich des Lebens. Bis der Schatz auf einen Schlag verschwand und ich zur Strafe als ruheloser Geist auf dem Gewinneberg umherwandeln musste. Seit hundert Jahren, Nacht für Nacht. Immer in der Hoffnung auf Erlösung. Nun ist es endlich so weit, der Schatz und das Glöckchen gehören dir. Du sollst besser damit umgehen als ich, denn sonst ...“

Noch ehe der Geist den Satz zu Ende gesprochen hatte, löste er sich in Luft auf und war verschwunden. Wenzel hätte sich vor Verwunderung zu gern die Augen gerieben, aber dann wäre womöglich schon das erste Goldstück über den Kesselrand gesprungen. Also schüttelte er seine Verwunderung über den seltsamen Geist ab und setzte behutsam Fuß vor Fuß, den Gewinneberg hinab, durch die dunklen Gassen und zurück in seine bescheidene Hütte.

An Schlaf war nun nicht mehr zu denken. Wenzel, der ja bisher mit seinem Leben zufrieden gewesen war, wollte es besser machen als der Geist. Und weil er mit dem unverhofften Reichtum ein gutes Werk tun wollte, beschloss er, eine Kirche errichten zu lassen.

Schon am nächsten Tag begannen die Planungen und die Arbeiten daran. Wenzel zahlte gut, schnell fanden sich genügend Bauleute und Helfer. Stein um Stein wuchs die Kirche in die Höhe. Und wenn die Bauleute das Glöckchen hörten, freuten sie sich, ihrem großzügigen Dienstherrn Wenzel zu begegnen. Aber auch die Armen und Bedrängten, die in der Nähe lebten, liebten den Klang des Glöckchens, denn Wenzel half ihnen, so gut es nur eben ging.

Doch als die Kirche fast vollendet war, sah Wenzel, dass in seinem Schatzkessel nur noch wenige Goldstücke lagen. Wenn er weiter das Geld für den Bau der Kirche und für die Unterstützung der Ärmsten ausgab – was bliebe ihm dann noch für sein eigenes Leben?

Mit diesem Gedanken zog der Geiz in sein Herz, mochte auch das Glöckchen läuten und mahnen, so laut und so heftig es wollte. War er bisher großzügig zu den Bauleuten, so quälte er sie nun bis aufs Blut. Und hatte er den Ärmsten bisher freiwillig ein Almosen gegeben, so beschimpfte er die Bettler, die es noch immer wagten, an seine Tür zu klopfen. Inzwischen hatte jedermann begriffen, dass das Glöckchen keinen freundlichen Menschen ankündigte, sondern einen kaltherzigen Geizhals.

Einmal, als Wenzel an seinem reich gedeckten Tisch saß und sich seines Lebens freute, zog ein heftiges Gewitter auf. Ein Blitz fuhr hernieder und zerstörte die Kirche. Ein zweiter Blitz traf das Glöckchen und Wenzel, der es noch immer um den Hals trug.

Das, was vom Schatz übrig geblieben war, kehrte in den Berg zurück, wo es nun wieder hundert Jahre verborgen bleiben musste. Wenzel war dazu verdammt, als ruheloser Geist den Schatz zu bewachen. Und wenn er nicht erlöst worden ist, so geistert er noch heute auf dem Gewinneberg umher.

Der Gewinneberg gehört zur Kleinstadt Taucha, die direkt an Leipzig angrenzt.

Für den Namen „Gewinneberg“ gibt es verschiedene Erklärungen. Eine davon: Als die Sorben sich in der Gegend ansiedelten, bauten sie auf dem Berg eine Wallburg mit einem tiefen Burggraben. Aus dem Wort „Finne“ oder „Vinne“ (was Berg oder Gebirge bedeutet) wurde allmählich Winne oder Winneberg oder Gewinneberg. Von der einst mächtigen Burg zeugen nur noch Spuren der Bebauung und Reste von Gefäßen.

Andere Erklärungen finden sich in Geschichten über Ritterkämpfe. Eine Geschichte besagt, dass ein Ritter seinen Bruder zum Kampf herausforderte, ihn erstach und so den Kampf gewann. In einer anderen Geschichte trafen ebenfalls zwei verfeindete Brüder aufeinander. Sie versöhnten sich aber am Fuße des Berges. Und so haben beide gewonnen.

Ort: Stadt Taucha. Gewinneberg

Der Schatz in der Mühle

Bertram war Mühlknappe in der Angermühle. Dort lernte er alles, was ein Müller wissen und können musste. Er war jung und kräftig und packte tüchtig zu, egal ob Getreide gemahlen oder Öl aus Leinsamen gepresst wurde. Gelegentlich durfte er auch Gewürze zu Pulver zerreiben, das gefiel ihm besonders, weil die Düfte der Pflanzen so wunderbar in der Nase kitzelten.

Wenn es an manchen Tagen weniger zu tun gab, saß er draußen neben der Mühle, am Ufer des Elstermühlgrabens. Dort schaute er zu, wie das Wasser an ihm vorbeiströmte und das große Mühlrad antrieb, dass es sich drehte und drehte und drehte. Und wie das Wasser plätscherte und die Wolken über ihn hinwegzogen, lachte Bertram und dachte: „Wie habe ich es doch gut getroffen. So könnte das Leben weitergehen." Doch manchmal, mitten im Glück, lauert das Unglück schon in allernächster Nähe.

An einem Sonntag wollte Bertram einen Freund besuchen, der ebenfalls Mühlknappe war, in der Thomasmühle. Gerade war Herbstmesse, in den Straßen und Gassen wimmelte es von Menschen. An jeder Ecke gab es etwas zu sehen und zu bestaunen, Gaukler, Musikanten, Kaufleute aus fernen Ländern. Als Bertram endlich in der Thomasmühle ankam, stellte er enttäuscht fest, dass sein Freund nicht da war. Gewiss wollte auch er sich den Messetrubel nicht entgehen lassen. Stattdessen traf Bertram in der Mühle einen Mann, der schien nur auf ihn gewartet zu haben. Ein Fremder, den Bertram nie zuvor gesehen hatte. Der fragte ihn, ob er Lust hätte, mit ihm zusammen in einer Gastwirtschaft ein Bier zu trinken. Bertram lehnte ab, er hatte kein Geld dabei.

Da sagte der Fremde mit schmeichelnd freundlicher Stimme: „Du bist herzlich eingeladen. In der Petersstraße wird gutes Bier ausgeschenkt, habe ich gehört. Doch alleine schmeckt es längst nicht so gut." Der Fremde lachte, seine eisblauen Augen blitzten. Eine unheimliche Kälte ließ Bertram für einen kurzen Moment frösteln. Erneut wollte er ablehnen. Doch dann siegte sein Appetit auf ein frisches Bier, und so begleitete er den Fremden in die Gastwirtschaft.

Während sich die beiden das Bier schmecken ließen, sprachen sie über dies und das. Über die Messe, das Wetter, über das Leben in Leipzig. Und schließlich kamen sie auf Schätze zu sprechen, und wie man danach suchen muss. „Bei uns in der Mühle", sagte Bertram, „soll angeblich ein Schatz vergraben liegen. Aber ich glaube das nicht. Der Müller hätte doch längst danach gesucht."

„Er weiß wahrscheinlich nicht, an welcher Stelle er suchen muss", entgegnete der Fremde. „Und gewiss hat er noch nie davon gehört, dass man einen Schatz zwingen kann, sich zu zeigen. Man muss nur die richtigen Beschwörungen kennen und sie genau zur richtigen Stunde aussprechen. Und dazu vollführt man allerlei magische Rituale."

Bertram starrte den Fremden an, dann fasste er sich ein Herz und fragte: „Und Ihr? Ihr kennt diese Beschwörungen? Die richtigen Worte und die notwendigen Zaubereien?"

„Hätte ich sonst davon erzählt?", spöttelte der Fremde. „Hör zu, mein Freund! Weil du so ein netter Kerl bist, will ich dir helfen, an den Schatz in der Mühle zu gelangen. Alles Notwendige steht in einem geheimen Zauberbuch, *Doktor Faustens Höllenzwang* genannt. Damit kannst du Geister herbeirufen und Schätze herbeizwingen. Natürlich ist das Buch zu kostbar und zu geheim, als dass ich es dir überlassen könnte. Aber ich schreibe dir die wichtigsten Seiten ab. Jetzt gleich. Während du mir für einen Groschen Tabak kaufst." Er drückte Bertram ein Geldstück in die Hand und sagte: „Nun geh schon."

Als Bertram mit dem Tabak zurückkehrte, hatte der Fremde schon etliche Seiten geschrieben. Bertram wollte das geheime Buch gern einmal sehen, doch der Fremde erklärte: „Du glaubst doch wohl nicht, dass ich damit durch die Stadt spaziere? Nein, ich habe alles in meinem Kopf. Daraus schreibe ich es ab."

Mit diesen Worten überreichte er Bertram ein paar Bogen Papier, mit genauen Anweisungen, was bei solch einer Beschwörung beachtet werden musste. Dann gab er ihm noch einen Draht, an dem vorne ein Schlangenkopf aus Messing befestigt war. „Das dient dir als Wünschelrute. Sie wird dir die Stelle zeigen, an der der Schatz verborgen liegt. Und nun viel Glück, junger Freund!"

Bertram bedankte sich für das Bier, die Blätter und den Draht. Aufgeregt eilte er zurück in die Angermühle und versteckte sich vor dem Müller, um ungestört die magischen Anweisungen durchlesen zu können. Er konnte es kaum erwarten, dass es endlich Abend wurde.

Kurz vor Mitternacht schlich er sich in den Keller der Mühle. Langsam durchschritt er die Kellerräume, dabei hielt er mit beiden Händen den Draht vor sich. Der zuckte und bewegte sich, schlug erst seitwärts aus, dann abwärts und hielt endlich still. „Hier also", murmelte Bertram. „Hier liegt er, der Schatz. Am Freitag in der Nacht werde ich ihn mir holen."

Am kommenden Freitag stieg er erneut in den Keller hinab. Er stellte drei Kerzen auf eine Truhe, zündete sie an, zog Zauberkreise, malte Zauberzeichen und sprach die Beschwörungsformeln. Da stieg aus dem Boden ein Nebel auf, ein grauer Rauch. Der wurde dichter und dichter und mitten darin erschien ein graues Männlein. Im selben Augenblick lagen auf der Truhe

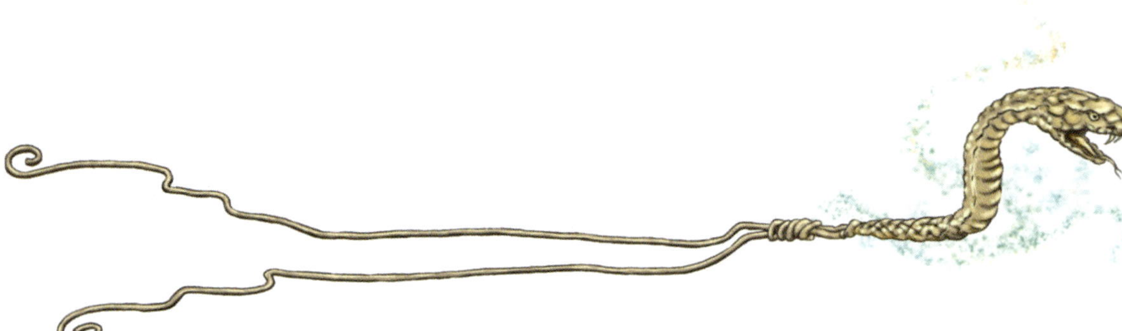

zwei glänzende Zweigroschenstücke. Das Männlein zeigte darauf und fragte: „Bist du damit zufrieden?“

Als Bertram das bejahte, war das Männlein schlagartig verschwunden. Bertram befolgte nun die weiteren Vorschriften aus dem Zauberbuch: Er kniete nieder wie zum Gebet, schwor aber einen heiligen Eid, dass seine Seele einst dem Teufel gehören solle. Dann löschte er die Kerzen, verwischte die Zauberkreise und ging rückwärts bis zur Kellertreppe. Er eilte in seine Kammer, legte sich ins Bett und rieb sich vergnügt die Hände. So spielend leicht war er zu Geld gekommen!

Doch schon am nächsten Tag ärgerte es ihn, dass das Männlein ihm nicht mehr gegeben hatte. Und so stieg er am folgenden Freitag wieder in den Keller hinab und zwang den geisterhaften Zwerg herbei. Diesmal tat sich sogar die Erde ein Stück auf, Bertram konnte den Schatz dort liegen sehen, einen prächtig großen Haufen Goldmünzen. Doch als er danach greifen wollte, stießen seine Hände auf fest verschlossenen Erdboden. Auf der Truhe lag diesmal ein Sechzehngroschenstück. Gewiss, das war mehr als beim ersten Versuch, aber in Bertram wuchs die Gier nach dem gesamten Schatz.

Eine Woche später, denn es musste immer ein Freitag für die Schatzsuche sein, schlich Bertram wieder in den Keller. Diesmal würde er sich nicht mit ein paar kleinen Münzen abspeisen lassen, diesmal würde er den ganzen Schatz erzwingen. In gewohnter Weise bereitete er alles vor, die Kerzen, die Zauberkreise. Doch kaum war er damit fertig, erschien nicht nur das graue Männlein, sondern auch ein Blatt Papier nebst einer schwarzen Feder. Das Papier war schwarz umrandet und auf beiden Seiten rot beschrieben. Das Männlein befahl: „Unterschreib! Dann soll der Schatz dir gehören.“

Da fiel ein Tropfen Wasser herab, direkt auf Bertrams Hand, die eiskalt wurde. Bertram betrachtete sie verwundert und entdeckte einen großen Tropfen Blut darauf. Flink tauchte er die Feder in den Blutstropfen und begann, seinen Namen auf das Blatt Papier zu schreiben.

Doch kaum hatte er schwungvoll das „B“ vollendet und wollte gerade das „e“ beginnen, glaubte er, Schritte auf der Treppe zu hören. Vor Schreck ließ er die Feder fallen, löschte die mittlere Kerze und warf die beiden anderen eilig in das Wasserfass, das neben der Truhe stand. Dann löste er den Zauberkreis, ging rückwärts zur Treppe und schlich hinauf. Aber er traf niemanden an, der ihn gestört haben könnte. Aus dem Keller jedoch quoll eine riesige Rauchwolke hinter ihm her, als wollte sie nach ihm greifen.

Auch der vierte Versuch scheiterte. Kaum stieg Bertram die Stufen in den Keller hinab, erfasste ihn ein entsetzliches Grauen. Also ließ er für diesmal von seinem Vorhaben ab und vertröstete sich auf den folgenden Freitag. Doch immer und immer kam etwas dazwischen, nie schaffte es Bertram, den Schatz zu erzwingen.

Der einst so lebenslustige, vergnügte Mühlknappe wurde von Tag zu Tag unleidlicher. Die Gier nach dem Gold hatte sich tief in sein Herz gefressen. Seine Gedanken drehten sich nur noch darum, wie er es anstellen könnte, endlich den Schatz zu heben. Mit grimmigem Blick schlich er umher und erledigte lustlos seine Arbeit. Morgens war er mürrisch, mittags fluchte und schimpfte er unentwegt und abends konnte er sich selbst kaum noch ertragen, so übel war seine Laune. Bis er es nicht mehr mit sich selbst aushalten konnte. Erschöpft und todtraurig setzte er sich ans Ufer des Mühlgrabens, starrte ins Wasser, das an ihm vorbeiströmte. Sein Blick wanderte zum Mühlrad, das sich drehte und drehte und drehte. Über ihm zogen kleine Wolken hinweg, die Sonne schien auf ihn herab, ihre Wärme umhüllte ihn und wanderte bis in sein Herz. All das erinnerte Bertram daran, wie gut es ihm früher ging, bevor er diesen rätselhaften Fremden getroffen und diese vermaledeiten Zauberseiten in die Hand bekommen hatte.

Da endlich war ihm, als würde das Eis in seinem Inneren schmelzen. Brauchte er den Schatz wirklich? Er war jung und stark, er konnte alles schaffen, was er wollte. Und er wollte es schaffen, sich wieder so vergnügt und froh zu fühlen wie noch vor ein paar Wochen. Er wollte sein Seelenheil zurück.

Entschlossen sprang er auf, eilte in seine Kammer, riss die Zauberseiten aus ihrem Versteck und warf sie ins Feuer. Und die Wünschelrute mit dem Schlangenkopf schleuderte er mit einem Jubelschrei in den Fluss hinein. Für einen Moment sah es so aus, als würde die Rute nicht zu Boden sinken, sondern flink davonschwimmen, als eine lebendig gewordene Wasserschlange.

Auch gut, dachte Bertram und hoffte, dass das Teufelsding nie wieder jemandem in die Hände fallen möge.

Wie mühsam war es einst für unsere Vorfahren, Getreidekörner mit einer Handmühle zu Mehl zu zermahlen. Viel leichter ging das mit Windmühlen oder Wassermühlen.

Wasser gab es in und um Leipzig zur Genüge, also wurden Wassermühlen gebaut. Eine dieser Mühlen war die Angermühle. Sie wurde im 12. Jahrhundert errichtet und hieß damals Jacobsmühle. Für gleichmäßigen Wasserfluss sorgte der eigens angelegte Elstermühlgraben. Drei Jahrhunderte später, als die Jacobskirche gegenüber abgerissen wurde, bekam die Mühle ihren neuen Namen.

Hier wurde nicht nur Getreide gemahlen, die Mühle diente auch als Gewürz-, Öl- und Tabakmühle. Und sie besaß ein Stampfwerk, das alte Lumpen und Pflanzenfasern zu einem Faserbrei zerstampfte. Daraus wurde das erste Papier in Leipzig hergestellt. Im 19. Jahrhundert wurde die Mühle abgerissen. Eine Tafel am einstigen Standort erinnert an sie.

Ort: Elstermühlgraben, Jacobstraße 1-2

Der Ritt auf dem Weinfass

Zur Ostermesse kam einmal Johann Faust nach Leipzig, ein Gelehrter und Magier. Doch er kam nicht allein. Mephisto, der Teufel höchstpersönlich, begleitete ihn. Faust hatte ihm seine Seele verschrieben, unter der Bedingung, dass Mephisto ihm alle seine Wünsche erfüllt.

Leipzigs Gassen und Straßen wimmelten von Besuchern. Auf den Märkten, in Buden und an unzähligen Ständen wurden Kostbarkeiten aus aller Welt feilgeboten: edle Stoffe, Pelze, Gewürze aus fernen Ländern, Schmuck, Silberwaren. Faust konnte sich gar nicht sattsehen, bewunderte alles, aber nichts davon verlockte ihn zum Kauf. Er brauchte es nicht. Er wollte sich vergnügen, das Leben genießen, Abenteuer erleben.

Aus einem Keller heraus erklang lautes Stimmengewirr, es wurde getrunken, gesungen, gelacht. Faust hatte Lust auf eine gute Unterhaltung und stieg die Stufen hinab in einen beeindruckend großen Gewölbekeller. Mephisto folgte ihm. Der Keller war voller Menschen. Und voller Weinfässer. Er gehörte Heinrich Stromer, der eigentlich Arzt und Professor war und von jedermann nur Doktor Auerbach genannt wurde, nach seinem Geburtsort. Und so hatte auch der Keller diesen Namen bekommen: Auerbachs Keller.

Faust und Mephisto schauten sich um. Wie es schien, war nirgendwo ein Platz für sie frei. Sie verständigten sich mit kurzen Blicken, dann traten sie an einen Tisch, an dem vier Studenten saßen. Ob denn wohl noch Platz für sie wäre, fragte Faust. Die Studenten lachten. Einer sagte: „Das sieht ja ein Blinder, dass die Stühle an diesem Tisch längst besetzt sind. Nämlich mit uns."

„Nicht so vorlaut!", flüsterte ihm einer seiner Kameraden zu. „Das sind vornehme Herrschaften. Der eine könnte ein Professor sein, der andere mit der Hahnenfeder am Hut sieht eher aus wie ein Graf. Wir sollten es nicht auf einen Streit ankommen lassen. Vielleicht zahlen sie sogar unsere Zeche, wenn wir es nur geschickt anstellen." Und laut sagte er zu Faust und Mephisto: „Ihr edlen Herren, es tut uns wirklich leid. Wie gern würden wir Euch in unserer bescheidenen Runde begrüßen. Aber wie Ihr seht, gibt es im ganzen Raum nicht einen einzigen freien Stuhl."

„Na, das klingt doch schon ganz anders. Besten Dank", sagte Mephisto mit gespielter Höflichkeit. Er und Faust bückten sich gleichzeitig, zogen unter dem Tisch je einen Schemel hervor und ließen sich darauf nieder.

Die Burschen starrten die beiden Fremden an, stotterten verlegen, woher denn diese Schemel so plötzlich gekommen wären, die hätten doch bis eben nicht unter dem Tisch gestanden, ganz gewiss nicht, und ob das mit rechten Dingen zuginge. Mephisto wischte die verwunderten Ausrufe der Studenten mit einer eleganten Handbewegung beiseite und sagte: „Wir sind durstig von unserer weiten Reise. Welcher Wein ist denn zu empfehlen?"

Und wieder redeten die Studenten durcheinander. Einer empfahl einen weißen, der andere einen roten. Einer mochte die lieblichen Sorten, einer die kräftigen. „Sie sind alle gut, die Weine vom Auerbacher. Es sind die besten Weine in der ganzen Stadt", fügten sie noch hinzu.

„Die besten in der ganzen Stadt? Schon möglich", meinte Mephisto. Dann flüsterte er mit verschwörerischer Miene: „Aber ich habe etwas Besseres für euch. Besorgt mir einen Bohrer, und ihr sollt einen Wein zu trinken bekommen, wie ihr noch keinen auf eurer Zunge geschmeckt habt."

Die vier Burschen schauten einander ratlos an. Einen Bohrer? Was wollte dieser seltsame Fremde mit einem Bohrer? Doch schließlich sprang einer auf, eilte zum Wirt, kam Augenblicke später mit einem Bohrer zurück und überreichte ihn Mephisto.

Der setzte den Bohrer seitlich an die Tischkante und begann, zur größten Verwunderung der Studenten, ein Loch ins Holz zu bohren. „Schnell, einen

Pfropfen Wachs!", forderte er nach wenigen Augenblicken die Burschen auf. Aber die saßen starr vor Schreck. Was sollte das hier werden? Und was würde der Wirt dazu sagen? Würde er sie eigenhändig aus dem Keller werfen und sie nie wieder hereinlassen?

„Wachs!", wiederholte Mephisto. „Flott, sonst läuft der gute Wein heraus!" Endlich raffte sich einer auf, knibbelte von der Kerze auf dem Tisch ein Stückchen Wachs ab und reichte es Mephisto. Der schob es in das eben gebohrte Loch und setzte sogleich den Bohrer an der nächsten Tischkante an. Und so einmal reihum, auf jeder Seite des Tisches. Als alle vier Löcher mit Wachs verschlossen waren, murmelte Mephisto ein paar unverständliche Worte, dann forderte er die Burschen auf: „Nun zieht die Pfropfen heraus. Ein jeder soll den Wein zu kosten bekommen, den er sich schon immer gewünscht hat. Doch hütet euch, auch nur einen Tropfen davon zu verschütten."

Kaum waren die Pfropfen entfernt, sprudelte aus den Tischkanten Wein hervor, heller Wein und Wein von kräftig dunkelroter Farbe. Die jungen Burschen wollten es noch immer nicht glauben, als sie aber die ersten Schlucke gekostet hatten, brachen sie in Jubel aus. Wirklich und wahrhaftig, solch wunderbaren Wein hatten sie nie zuvor getrunken! Da konnten selbst Auerbachs Weinvorräte nicht mithalten.

So ging der Abend hin, der Wein strömte aus der Tischplatte und sogleich durch die Kehlen der jungen Burschen. Nur Faust hielt sich zurück. Er trank keinen Schluck. Sein Vergnügen war es, die jungen Leute zu beobachten. Und da sah er es: Einer, dem der Wein wohl schon zu sehr in den Kopf gestiegen war, schwenkte übermütig seinen Becher. Dabei schwappte etwas Wein heraus und tropfte zu Boden. Genau an dieser Stelle schoss eine Flamme empor, grell und hell und heiß. Sogleich streckte Mephisto seine Hände darüber, murmelte wieder ein paar Worte. Das Feuer kam zur Ruhe und verschwand so schnell, wie es aufgetaucht war.

Die vier Studenten rissen verwundert die Augen auf. Hatten sie eben ein Feuer gesehen? Oder nicht? Hatten sie vielleicht doch schon zu viel von dem guten Wein getrunken? Sie starrten die beiden Fremden an. Doch die schauten amüsiert in eine ganz andere Richtung. Da versuchten gerade drei Männer mit vereinten Kräften, ein großes Weinfass die Treppe hinaufzuhieven. Auerbachs Weine waren in der ganzen Stadt beliebt, und so verkaufte Auerbach ganze Fässer voll an andere Gasthäuser. Nur mussten eben diese Fässer aus dem Keller getragen, auf einen Pferdewagen geladen und durch die Stadt gefahren werden.

So ein Fass war schwer. Teuflisch schwer. Die drei Männer gaben sich alle Mühe. Sie hoben und schoben, sie zogen und zerrten, aber das Fass rührte sich nicht von der Stelle. Da lachte Faust laut auf und rief den Männern zu: „Was seid ihr doch für kräftige Kerle und schafft es nicht, so ein kleines Fass auch nur ein Stück die Treppe hinaufzubugsieren."

„Hehe", schimpfte einer der Männer, „mach er sich nicht über uns lustig. Er kann das wohl viel weniger als wir, so wie er aussieht. Ein Gelehrter, der mit Müh und Not sein kleines Tintenfässchen heben kann, aber nie und niemals solch ein großes Fass. Also lass er das Spotten sein."

Faust lachte nur noch lauter und spottete weiter über die schwächlichen Kerle. Da näherte sich der Wirt, der keinen Streit im Keller haben wollte. Er fragte, worüber denn hier gestritten wurde, und bot schließlich an: „Wem es gelingt, das Fass die Treppe hinaufzuschaffen, dem soll es gehören, ohne dass ich ein Geldstück dafür nehme."

Sofort spuckten die drei Männer in die Hände, pumpten sich die Lungen mit Luft voll und versuchten erneut, das Fass vom Fleck zu bewegen. Doch es ruckte und rührte sich nicht.

Kaum hatten sie ihren Versuch aufgegeben, sprang Faust auf das Fass, als würde er auf ein Pferd steigen, und rief lauthals: „Marsch, marsch, die Treppe hinauf!" Da setzte sich das Fass in Bewegung und galoppierte die Stufen nach oben.

Und wieder gafften die Studenten und wollten ihren Augen nicht trauen. Das ging wirklich nicht mit rechten Dingen zu! Erst der Wein aus der Tischplatte, dann das Feuer, und nun ein wild gewordenes Fass. Da musste doch der Teufel seine Hand im Spiel haben! War dieser seltsame Graf mit der Hahnenfeder am Hut etwa der Teufel? Hatte er nicht so einen leichten Geruch nach Schwefel und Hölle an sich?

Suchend schauten sich die Studenten um. Der vermeintliche Graf jedoch war wie vom Erdboden verschluckt. Aber hinter dem Fass sprang ein großer, schwarzer Pudel die Treppe hinauf, mit struppigem Fell und gefährlich glühenden Augen.

Verwirrt wollten die Studenten nach ihren Bechern greifen und einen Schluck zur Beruhigung trinken. Doch da kam der Wirt mit hochrotem Kopf und warf die vier aus seinem Keller. Für immer und alle Zeiten. Kumpane von diesen verfluchten Teufelskerlen könne er nicht länger in seiner Gastwirtschaft dulden.

Wie erfreut waren die vier, als Faust und Mephisto oben auf sie warteten und ihnen anboten, gemeinsam das Fass anzustechen und zu leeren, bis kein Tropfen mehr aus dem Zapfen käme. Weil es aber ein gar zu großes Fass war, luden die Studenten noch Freunde hinzu und hatten so für viele Abende ein Getränk von der edelsten Sorte aus Auerbachs Keller.

Auerbachs Keller zog schon vor Jahrhunderten und zieht noch heute Gäste und Einheimische magisch an. Goethe besuchte als junger Student ebenfalls oft und gern den Keller. Er war von diesem Ort zutiefst beeindruckt, wie auch von zwei alten Wandgemälden, auf denen die Faust-Sagen dargestellt sind. Auf einem Bild trinkt Faust gemeinsam mit den Studenten, auf dem anderen reitet er auf dem Fass zur Tür hinaus. Goethe war begeistert, fing Feuer und setzte später diesem Keller in seinem weltberühmten Theaterstück „Faust" ein Denkmal. So trug auch er zur magischen Anziehungskraft des Ortes bei.

In der Mädlerpassage, am Treppenabgang zu Auerbachs Keller, stehen zwei Figurengruppen aus Bronze, geschaffen vom Bildhauer Mathieu Molitor: auf der einen Seite drei aufgeregte Studenten, auf der anderen Seite Faust und Mephisto. Es soll Glück bringen, Faust über den goldglänzenden Fuß zu streichen.

Ort: Auerbachs Keller, Grimmaische Straße 2-4

Leipziger Märchen